Franz Kamphaus

AUF DEN PUNKT GEBRACHT

Biblische Anstöße

Herder
Freiburg · Basel · Wien

Zugunsten des Bischöflichen Hilfswerkes Misereor

Herstellung: Freiburger Graphische Betriebe 1994
ISBN 3-451-23520-X

Hans Werners
dem Achtzigjährigen
dankbar gewidmet

Vorwort

„Eine kaiserliche Botschaft“, so heißt eine der nachdenklichen Erzählungen Franz Kafkas. Kaum zu glauben, aber „gerade Dir hat der Kaiser von seinem Sterbebett aus eine Botschaft gesendet. Den Boten hat er beim Bett niederknien lassen und ihm die Botschaft ins Ohr geflüstert; so sehr war ihm an ihr gelegen, daß er sich sie noch ins Ohr wiedersagen ließ.“ Der Bote macht sich sofort auf den Weg. Er ist „ein kräftiger, ein unermüdlicher Mann“ und tut, was er kann, er müht sich noch und noch. Aber er dringt nicht durch, durch die Gemächer des Palastes, die vielen Treppen, Höfe und Hinterhöfe, durch die riesige Residenzstadt, „die Mitte der Welt, hochgeschüttet voll ihres Bodensatzes“. „Öffnete sich freies Feld, wie würde er fliegen, und bald wohl hörtest Du das herrliche Schlagen seiner Fäuste an Deiner Tür. Aber statt dessen, wie nutzlos müht er sich ab“ mit der Botschaft durchzukommen. – „Du aber sitzt an Deinem Fenster und erträumst sie Dir, wenn der Abend kommt.“

Christen sprechen nicht vom Kaiser, wohl vom König. Sie sind davon überzeugt, daß ihnen eine königliche Botschaft anvertraut ist, die Ur-kunde des Glaubens. Aber sie stecken damit hierzulande in einer vertrackten Situation: Allen Unkenrufen zum Trotz sind durchaus Menschen da, die sich nach der königlichen Botschaft sehnen, die am offenen Fenster sitzen und darauf warten – nicht nur, wenn der Abend kommt. Und es sind auch Boten und Botinnen da, die sich redlich abrackern, damit die Botschaft überkommt. Aber scheinbar ist kein Durchkommen. Wie kommt das? Liegt's an den weit verzweigten Treppen und Hintertreppen der *Exegese*? Liegt's an den Höfen und Hinterhöfen der *Kirche*? Liegt's an den widrigen *Zeitumständen*? Zu all diesen Fragen wäre mehr als nur Einleitendes zu sagen. Der Leser wird seine Erfahrungen haben.

Die *Exegese* kann sich versteigen in immer detailliertere Einzelaspekte. Die Folge ist, daß man Kommentare dieser Art auf sich beruhen läßt, weil man vor lauter Blättern den Baum nicht mehr sieht. Dabei ist der Erkenntnisgewinn der historisch-kritischen Exegese weder zu verachten noch ungestraft zu ignorieren. Man wird sie durchqueren müssen, bis die Texte auf ihre Weise wieder zu uns sprechen, aus Glaube zum Glauben. Dabei können manche anderen Wege hilfreich sein, Gottes Wort neu zur Sprache zu bringen (mehrdimensionale Schriftauslegung).

„Evangelisierung" ist in der *Kirche* heute in aller Munde. Weniger klar sind die Konsequenzen, die sich aus diesem anspruchsvollen Wort für die Kirche selbst ergeben. Sie hat nicht nur andere zu evangelisieren, sondern vorab sich selbst. Das Evangelium soll durch sie heute neu zur Welt kommen. Das allein ist sie ihr schuldig. Was steht diesem Auftrag in der Kirche im Wege? Welche alten und neuen Paläste und Hinterhöfe, Mauern und Strukturen hindern die Botinnen und Boten, endlich ins Freie zu kommen, zu denen, die am offenen Fenster sitzen und warten. Die Auslegung des Evangeliums ist zuerst und zuletzt nicht Sache von Kommentaren, sondern unseres Lebens. Sie ist nur um den Preis der eigenen Existenz zu haben. Wer sich dem Botendienst stellt, kann sich selbst nicht heraushalten. Leider ist unser Kopf in der Regel viel weiter als unser Herz.

Die *Zeit,* die Gott uns als Christen heute zumutet, ist schwierig genug. Sie wird nicht dadurch einfacher, daß wir sie und uns selbst in ihr ständig neu bejammern. Wir können sie verändern, indem wir ihr das geben, was sie aus sich selbst nicht hat: das Evangelium. Es ist kein Produkt der Zeit, um so mehr ist es an der Zeit. Es bringt unser Fragen und Sehnen auf den Punkt.

Die vorliegenden Schriftauslegungen als „biblische Anstöße“ verdanken sich verschiedenen Anlässen (vgl. den Hinweis im einzelnen am Ende des Buches): Die allermeisten wurden ursprünglich als sogenannte „Bibelarbeit“ auf evangelischen Kirchentagen oder bei Katholikentagen gehalten; auch von daher suchen sie die Nähe zur biblischen Botschaft mit der Ausschau nach den Zeichen der Zeit zu verbinden. Manche Auslegungen haben, seit sie erstmals gehalten wurden, einen Entwicklungs- und hoffentlich auch Reifungsprozeß erlebt, andere wurden für die Drucklegung überarbeitet, einige schließlich sind für dieses Buch neu erarbeitet.

Auch wenn die vierzehn Kapitel in ihrer thematischen Auswahl und Abfolge nicht einer im voraus gefaßten Planung folgen, so waren bei der Zusammenstellung doch bestimmte Zusammenhänge leitend. Die erste und die letzte Auslegung, einer thematischen Klammer des Ganzen gleich, fragen gegenüber der Angst vor einem nahenden Ende und der Gleichgültigkeit einer immer mehr verkürzten, ja abgeschafften Zeit nach der biblischen Zeitansage (1, 14). Vier Auslegungen alttestamentlicher Texte lassen ahnen, wie tiefgründig die Brunnen der biblischen Geschichte sind: Jakobs Existenz zwischen Stein und Traum (2), Israels Befreiungsgeschichte (3), Elijas Kampf und Krise (4), die Berufung und Sendung des Gottesknechts (5). Es folgen drei Auslegungen neutestamentlicher Texte. Neben der Samariterin am Brunnen mit ihrem Lebensdurst (6) steht der reiche junge Mann, der das ewige Leben gewinnen, aber vom Reichtum nicht lassen will (7). Wie steht es heute mit dem Hauptgebot der Gottes- und Nächstenliebe, an dem alles hängt – wie die Tür in den Angeln?! (8) Einen Schwerpunkt bilden vier Texte zu den brennenden Themen Recht und Ungerechtigkeit, Armut und Solidarität, Gewalt und das Ende der Vergeltung (9–12). Schließlich geht es, geleitet von einem Psalmvers, um die Frage: Was machen wir mit der Nacht und ihrem Schrecken; was machen wir, wenn viele schwarz sehen?! (13)

Das vorliegende Buch teilt das Los von Kommentaren, es ist nur geschriebenes Wort, nicht gelebte Schriftauslegung. Es ist veröffentlicht in der Hoffnung, daß Sprachgewinn zugleich auch Lebens- und Glaubensgewinn schenken kann. Es möchte Anstöße geben auf dem Weg vom „Lesemeister" zum „Lebemeister" (vgl. Meister Eckhart). „So spende mir denn Zeit, daß ich betrachte Dein Gesetz und sein verborgenes Geheimnis kennenlerne, und schließ die Tür nicht zu, wenn ich daran klopfe! Du hast ja nicht gewollt, daß ewig nutzlos unverstanden bleibe, was dort geschrieben steht auf so viel dunklen, rätselvollen Seiten ... O Herr, vollende mich, enthülle mir ihr Dunkel! ... Laß Gnade finden mich vor Dir, damit mir, der da pocht, das Innere Deiner Worte sich erschließe" (Augustinus, Confessiones).

Inhalt

Die Zeit ist reif

Zu Markus 13, 28–33

„[28]Lernt etwas aus dem Vergleich mit dem Feigenbaum! Sobald seine Zweige saftig werden und Blätter treiben, wißt ihr, daß der Sommer nahe ist. [29]Genauso sollt ihr erkennen, wenn ihr (all) das geschehen seht, daß das Ende vor der Tür steht. [30]Amen, ich sage euch: Diese Generation wird nicht vergehen, bis das alles eintrifft. [31]Himmel und Erde werden vergehen, aber meine Worte werden nicht vergehen. [32]Doch jenen Tag und jene Stunde kennt niemand, auch nicht die Engel im Himmel, nicht einmal der Sohn, sondern nur der Vater. [33]Seht euch also vor, und bleibt wach! Denn ihr wißt nicht, wann die Zeit da ist."

„Lernt etwas aus dem Vergleich mit dem Feigenbaum! Sobald seine Zweige saftig werden und Blätter treiben, wißt ihr, daß der Sommer nahe ist" (Mk 13, 28). In der Tat wissen wir! Was wüßten wir sicherer über die Zukunft, als daß nach dem Frühling der Sommer kommt und dann der Herbst, der Winter. Der Kreislauf der Jahreszeiten ist untrüglich und verläßlich. Er geht beständig weiter, er steht nicht still, er macht auch keine Sprünge. Wachsen, Reifen, Vergehen – der Rhythmus hat sich tief in die Natur, auch in unsere menschliche Natur eingeprägt. Wir haben uns eingeschwungen in diesen Rhythmus, durch den das Spiel der kosmischen Kräfte in unserem Lebensraum hineingespiegelt wird. Wir fühlen uns in ihm geborgen. Wir wissen, was auf uns zukommt: „Sobald seine Zweige saftig werden und Blätter treiben, wißt ihr, daß der Sommer nahe ist" (28).

Es ist gut zu wissen, was auf uns zukommt. So können wir uns drauf einrichten, daß Sommer wird. Wir können damit rechnen, wenn wir unseren Urlaub buchen, wenn wir die Geräte zur Ernte zurecht machen.

Vor der Tür

„Genauso sollt ihr erkennen, wenn ihr (all) das geschehen seht, daß es vor der Tür steht" (29). Das „es", das vor der Tür steht, bezieht sich auf den vorhergehenden Abschnitt im Evangelium (13, 24–27). Es ist nicht mehr das rhythmisch geordnete Spiel der kosmischen Kräfte, sondern ihre Erschütterung, der Abbruch des scheinbar ewigen Kreislaufs der Jahreszeiten. „Es wird sich die Sonne verfinstern, und der Mond wird nicht mehr scheinen, die Sterne werden vom Himmel fallen, und die Kräfte des Himmels werden erschüttert werden" (Mk 13, 24 f). Das ist das Ende der Geborgenheit im Zeitenlauf. Abbruch der Zeit! Ganz anderes tritt ein.

Einiges bei uns weist auf Erschütterungen unserer Ordnungen hin. Ich brauche nur einige Stichworte zu nennen wie Ozonloch, Treibhauseffekt, tödliche Krankheiten durch freigesetzte Kernenergie, Verseuchung der Weltmeere, gespenstische Folgen von gentechnischen Experimenten, Massenflucht aufgrund von Hunger und Gewalt. Und über aller Zerstörung der Umwelt und der sozialen Mitwelt sollten wir nicht die Innenweltzerstörung aus den Augen verlieren, die Neurotisierung unseres Alltagslebens durch Hektik, Pillenschlucken, Drogen ... Die Zeichen der Zeit sind in der Tat unübersehbar. Sie überfallen uns nicht wie ein Schicksal, sie sind menschengemacht. Sie künden nicht den Sommer an, die Erntezeit, den Urlaub, sie stehen auf Sturm. Die Zeichen der Zeit deuten auf verheerende Herbststürme hin, die, wenn sie uns überleben lassen, nur noch ein „Überwintern" im „atomaren Winter" in Aussicht stellen. Unsere

Bäume sehen anders aus als der Feigenbaum im Gleichnis. Ihre Zweige werden nicht saftig, sondern krank und welk, und die Blätter werden fleckig und krank. Sie verheißen keine reiche Ernte, sie sind vom Sterben bedroht.

Doch es wäre zu kurz gegriffen, wenn wir hier nur das mögliche Ende im Auge hätten. Die Frage lautet nicht nur: *Was* kommt auf uns zu? Sie geht weiter: *Wer* kommt auf uns zu?: „Dann wird man den Menschensohn mit großer Macht und Herrlichkeit auf den Wolken kommen sehen" (26). Also: Nicht nur *„es"* (das Ende) „steht vor der Tür", sondern *„er* steht vor der Tür". Er läßt sich durch Katastrophen nicht heraufbeschwören oder herbeizaubern, aber er ist am Ende nicht abwesend, er ermöglicht den neuen Anfang. Das ist die christliche Zukunftsperspektive. Der Kreislauf der Welt: Alpha und Omega. Die Erde schießt nicht auf einem unendlichen Zeitstrahl vom Urknall ins Nichts. Sie kommt dort an, wo sie herkommt. Der Menschensohn, Anfang und Ende.

Zeitberechnung?

„Amen, ich sage euch: Diese Generation wird nicht vergehen, bis das alles eintrifft" (30). Dieser Satz trifft uns heute wie der Schlußsatz vieler Hochrechnungen und Wahrscheinlichkeitsmodelle. Was wird meine Generation, was wird diese Generation der Jugendlichen, der Kinder noch erleben? Wie nahe ist das Ende? „In letzter Stunde", „Die Zeit drängt" – solche Buchtitel spiegeln das Lebensgefühl vieler Zeitgenossen und Zeitgenossinnen wieder: eine Minute vor Zwölf. Ist das Hysterie, ein Ergebnis von Panikmache?

„Diese Generation wird nicht vergehen, bis das alles eintrifft" (30). Wieviele Generationen von Jesus bis heute haben diesen Satz gehört und haben ihr Leben doch gelebt und beendet, ohne daß das Ende eintrat! Die Welt hat sich weitergedreht, und neue Geschlechter haben die Erde betreten. Ist dieser Satz deshalb nicht eher eine Bestätigung dafür, daß alle Katastrophenankündigungen am Ende doch nicht Recht behalten? Die seit zweitausend Jahren als dicht bevorstehend angesagte und immer wieder ausgebliebene Apokalypse, wird sie nicht dem Gesetz der Wahrscheinlichkeit nach auch unsere Generation verschonen?

Der optimistische Fortschrittsglaube hat lange Zeit angenommen, das Reden vom Ende der Welt sei abergläubisches Geschwätz unaufgeklärter Menschen. Am Ende haben wir uns das auch in der Kirche und in der Theologie einreden lassen. In der historisch-kritischen Bibelwissenschaft zum Beispiel hat man gemeint, die urchristliche Naherwartung habe sich bald als Irrtum herausgestellt. „Die mythische Eschatologie ist im Grunde durch die einfache Tatsache erledigt, daß Christi Parusie nicht, wie das Neue Testament erwartet, alsbald stattgefunden hat, sondern daß die Weltgeschichte weiterlief und – wie jeder Zurechnungsfähige überzeugt ist – weiterlaufen wird.“ So Rudolf Bultmann vor gut fünfzig Jahren. Diese Einschätzung hat sich gewaltig geändert. Mit der Zurechnungsfähigkeit ist es heute umgekehrt. Gerade Forscher und Wissenschaftler sagen uns, daß unsere letzte Stunde angebrochen sei. Das Ende ist jedenfalls ein Thema nüchterner Aufklärung geworden. Unzurechnungsfähig sind diejenigen, die seine Möglichkeit nicht wahrhaben wollen. Der alte Satz: „Alle Menschen sind sterblich“, hat nach Hiroshima eine schreckliche Variante bekommen: „Die Menschheit als ganze ist tötbar.“

Unsere Erde hat nach wissenschaftlichen Berechnungen noch eine Lebensdauer von etwa fünf Milliarden Jahren, bevor sie im Leib der zu einem Roten Riesen verglühenden Sonne verdampft. Aber wieviele Jahre wird es auf dieser Erde noch Geschichte geben, ein Geschehen, das Menschen mitgestalten? Das Ende liegt nicht völlig außerhalb unserer Erfahrung, wir müssen damit rechnen. Und zwar nicht nur persönlich (im Tod), sondern auch global: Welt und Zeit haben ein Ende. Und wenn es so weitergeht, dann geht es schon bald nicht mehr so weiter ...

Jesus hat nicht zu chronologischen Spekulationen ermuntert. „Doch jenen Tag und jene Stunde kennt niemand, auch nicht die Engel im Himmel, nicht einmal der Sohn, sondern nur der Vater" (32). Es geht hier wie in allen echten apokalyptischen Reden eben nicht um die Ankündigung einer bestimmten Zeitspanne bis zum nahen Ende. Nicht das nahe Ende, sondern der im Ende nahe Gott ist das Thema. Die Worte Jesu gelten jeder Generation, die von Katastrophen betroffen ist und fürchtet, daß nun *alles* zu Ende geht. Der Mensch, unter dessen Füßen die Erde wankt – ob durch Erdbeben oder durch Bomben –, der Mensch, der die Rhythmen von Aussaat und Ernte zerstört sieht, er fürchtet, daß *alles* aus ist. Für die Betroffenen ist es nicht irgendein Ende, sondern *das* Ende. Ich muß Betroffener sein oder mich betreffen lassen von den Katastrophen. Dann werde ich bald merken, daß es bei diesen Schriftaussagen nicht um die Frage einer möglicherweise enttäuschten Naherwartung geht, vielmehr um die Zusage: „Genauso sollt ihr erkennen, wenn ihr (all) das geschehen seht, daß es/er vor der Tür steht" (29). Das ist Christen gesagt, die Jerusalem, die Stadt der Verheißung, in Schutt und Asche liegen sehen, die verfolgt und ausgestoßen werden. Das gilt uns, den vor lauter Krisenmeldungen Verschreckten, denen, die die Erschütterungen der Zeit am eigenen Leibe spüren. Es gilt nicht den Zeitbeobachtern und Zeitberechnern, sondern den Zeitgenossen, die drinstecken in den Ereignissen und nicht wissen, ob sie ihnen entrinnen können.

Diese Zeitperspektive unterscheidet sich von den Sinnentwürfen unserer naturwissenschaftlich-technischen Zivilisation. Dort ist die Zeit eine leere Unendlichkeit, ein neutraler Rohstoff, den man bearbeitet mittels Planung und ihn dadurch überraschungsfrei macht.

Das noch ziemlich neue Wort Plan stammt aus der räumlichen Anschauung: planum (lat.) = eben. Es bedeutete zunächst einen Bauplan. Was in der Ebene des Bauplanes übersichtlich nebeneinander liegt, ist etwas Fertiges, Abgeschlossenes, zu dem, wenn der Plan gut ist, nichts mehr hinzukommt. Im Zeitalter der Planungen (Fünf-Jahres-Pläne, Terminpläne, Pastoralpläne, Personalpläne etc.) haben wir uns angewöhnt, Zeit, trotz ihres weiterlaufenden Charakters, als eine fertige Welt zu verstehen, in der nichts geschehen kann, was nicht schon vorher fertig durchdacht und entworfen ist. Alles ist in Gedanken schon fertig, was fehlt, ist nur die Ausfertigung des zuvor Gedachten. Nicht nur die Wirtschaft lebt davon, daß Zeit enttäuschungsfest und damit prognostizierbar ist. Sind wir nicht alle infiziert von der quasi-religiösen Vorstellung der Evolution, die mit allem und jedem rechnet, nur mit dem einen nicht: daß nämlich eine Sekunde „zu der Pforte wird, durch die der Messias in die Geschichte tritt" (Walter Benjamin) und in der es deshalb Zeit wird für die Zeit. „Es ist Zeit, daß es Zeit wird; es ist Zeit" (Paul Celan).

Der Gedanke vom Abbruch der Zeit, vom Einbruch Gottes in unsere Zeit – das hat Johann Baptist Metz eindrücklich in Erinnerung gerufen – trifft die neuzeitlichen Ideologien ins Mark. Er richtet sich gegen die Vorstellung von Zeit „als einem leeren, evolutionär ins

Unendliche wachsenden Kontinuum, in das alles gnadenlos eingeschlossen ist"; gegen eine Vorstellung, die jede substantielle Erwartung austreibt und jene Apathie erzeugt, die an „der Seele des modernen Menschen frißt" (J. B. Metz, Glaube in Geschichte und Gesellschaft, Mainz [3]1980, 150).

Die eschatologische Erwartung führt weder in eine pseudo-apokalyptische Traumtänzerei, in der die Herausforderung der Nachfolge vergessen wäre, „noch treibt sie in jenen besinnungslosen Radikalismus, für den die Gebete der Sehnsucht und der Erwartung nur durchschaute Formen der Verweigerung oder der Selbsttäuschung sein könnten. Naherwartung erlaubt keine Vertagung der Nachfolge. Nicht das apokalyptische Lebensgefühl macht apathisch, sondern das evolutionistische!" Es ist die mythische Zeitvorstellung der Evolution, die alles gleich-gültig werden läßt und die die Nachfolge lähmt. „Naherwartung dagegen versieht die evolutionistisch beruhigte und verführte Hoffnung mit Erwartungs- und Zeitperspektiven" (J. B. Metz, a. a. O. 156). Wieviel Zeit haben wir überhaupt noch? Wem gehört die Welt? Wem ihre Leiden? Wem ihre Zeit?

Naherwartung läßt sich nicht reduzieren auf Zeitberechnung, auf Chronologie. Ihr wesentlicher Inhalt ist die Nähe des Herrn und die uns daraus geschenkte Glaubens- und Lebenskraft. Seine Zeit kommt nicht wie das nächste Jahr im Kalender. Wer dafür einen Zeitpunkt berechnen und fixieren will, mißachtet die Souveränität Gottes. „Ihr wißt nicht, wann die Zeit da ist" (33).

Vertrauen in Gottes Wort

„Himmel und Erde werden vergehen, aber meine Worte werden nicht vergehen" (31). Wer sich an Gottes Wort hält, ist davor bewahrt, sich am Nächstliegenden festzuklammern. Es scheint, als wäre dieser Klammereffekt ein uraltes Erbe unserer Evolution. Die Angst macht kopflos, blind. Wir schauen nicht mehr hin, wir halten uns nur noch fest. Wenn das Leben aus dem Takt kommt und abzubrechen droht, wenn die Verwirrung groß wird und wenn dann jemand sagt: „Seht, hier ist der Messias!, oder: Seht, dort ist er!, so glaubt es nicht! Denn es wird mancher falsche Messias und mancher falsche Prophet auftreten, und sie werden Zeichen und Wunder tun, um, wenn möglich, die Auserwählten irrezuführen" (Mk 13, 21 f).

Das kennen wir: die Propheten, die den sicheren Untergang vorhersagen und das entsprechend ebenso sichere Heilmittel aus der Tasche ziehen. Da wird die Atomkraft auf einmal zur Rettung vor dem Treibhauseffekt. Da wirbt die Gentechnik mit Erlösung der Menschheit von Hunger und Krankheit. Da sollen die Länder der Dritten Welt noch mehr Kredite aufnehmen, um ihre Schulden abzubezahlen. Meditationstechniken und neuerdings sogar -maschinen sollen unser krankes Denken wieder in Ordnung bringen. Die Angst treibt den Propheten und Messiassen die Menschen zu, die auf dem wankenden Boden nach Halt suchen. Eine Heidenangst! Seltsam: Wenn wir „Angst" steigern wollen, verbinden wir es mit „Heiden".

Gehören auch wir zu den „Ungehaltenen", die den falschen Propheten und Messiassen nachlaufen, oder halten wir uns an das Wort, das Bestand hat – auch wenn Himmel und Erde vergehen? Die Worte vom Frieden, von der Gerechtigkeit, von der Liebe Gottes zu seiner Schöpfung geben uns heute in der Tat Halt gegenüber allen optimistischen Versprechungen und pessimistischen Prophezeiungen. Wir Christen sollten zu erkennen geben, daß wir nicht aus dem Lamentieren über die Krise der Welt und der Kirche oder aus dem ängstlichen Zählen der Mitglieder leben, sondern aus einer vertieften Zuwendung zum Wort Gottes, das diese Schöpfung ins Dasein gerufen hat, das Gerechtigkeit schenkt und einfordert und den Segen des Friedens über sie ausspricht. An diesem göttlichen Wort können wir uns festhalten, alle menschlichen Worte an ihm messen. Ein rettendes Wort, das durchträgt durch alle Erschütterungen und Brüche. Wo Schrecken und Angst entlaubt, pflanzen wir einen neuen Baum. – Es ist wichtig, daß wir unser spezifisches Gewicht bewahren, damit wir nicht ins Flattern geraten.

Bleibt wach

„Seht euch also vor und bleibt wach! Denn ihr wißt nicht, wann die Zeit da ist" (33). Wachsamkeit ist das Gebot der Stunde, die Haltung der Christen in dieser Weltzeit. In dem an unsere Perikope anschließenden Abschnitt wird das in einem Gleichnis entfaltet: „Es ist wie mit einem Mann, der sein Haus verließ, um auf Reisen zu gehen: Er übertrug alle Verantwortung seinen Dienern, jedem eine bestimmte Aufgabe; dem Türhüter befahl er, wachsam zu sein. Seid also wachsam! Denn ihr wißt nicht, wann der Hausherr kommt, ob am Abend oder um Mitternacht, ob beim Hahnenschrei oder erst am Morgen" (Mk 13, 34 f).

Türhüter, Wächter sollen wir also sein. Der Wächter traut nicht dem Augenschein. Er vertraut nicht allein einem Sinn, er lauscht, er schnuppert, er tastet, er späht. Er nimmt seine sieben Sinne zusammen. Er will nicht überrumpelt werden. Er will wissen, was tatsächlich gespielt wird und nicht das, was ihm vorgemacht wird. Er weiß, daß man ihn täuschen kann, daß sich andere als Hausherren ausgeben werden, daß man ihm gefälschte Papiere vorlegen wird, daß man versucht, ihn in der Dunkelheit zu umgehen. Er ist Realist. Er glaubt nicht den Beteuerungen seiner Mitmenschen, sondern er versucht, ihre hintersten Absichten zu durchschauen.

Der Türhüter steht auf der Grenze zwischen Vertrautem und Fremdem. Die Geborgenheit des Hauses kann er nur halb genießen. Seine andere Hälfte ist unbehaust, dem Fremden zugewandt, aber letztlich dem Hausherrn. Sein Amt ist es, zu gegebenem Zeitpunkt die anderen aufzuwecken, zu stören in ihrem Schlaf. Er muß Alarm schlagen, auch wenn man ihm zunächst keinen Glauben schenkt.

„Seht euch also vor und bleibt wach, denn ihr wißt nicht, wann die Zeit da ist ... Seid also wachsam! Denn ihr wißt nicht, wann der Hausherr kommt ... Er soll euch, wenn er plötzlich kommt, nicht schlafend antreffen" (Mk 13,33.35.36). Nehmen wir Christen, nehmen unsere Kirchen dieses Wächteramt wahr? Haben wir unsere sieben Sinne beisammen? Sind unsere Sinne geschärft, oder überlassen wir uns dem Urteilen anderer? Sind wir aufmerksam gegenüber den Täuschungsmanövern unserer Zeit? Suchen unsere Augen in der Dunkelheit den wiederkommenden Herrn? Oder ziehen wir uns, des Suchens und Wartens müde, in unsere Behausung zurück, ins Sichere, ins Bequeme, ins Warme, dorthin, wo auch alle anderen sind? Sind wir bereit, andere zu wecken, aufzurütteln, damit sie mit uns den Herrn empfangen können?

Gott Dank, gibt es heute zahlreiche Beispiele positiver Wahrnehmung dieses Wächteramtes. Wir brauchen uns nur umzuschauen. Von außen betrachtet, erscheint der Kirchentag vielleicht als eine Versammlung von guten Gläubigen. Wenn man sich näher umsieht, so ist er sicher nicht eine Versammlung von Gutgläubigen und Vertrauensseligen. Hier wird überprüft, nachgefragt, nachgebohrt, auch gegenüber denen, die ihre Autorität von oben ableiten. Hier werden Ausweise verlangt durch Taten, nicht durch schöne Worte.

Hier trifft man auf Menschen, die Ausschau halten nach den Zeichen, die die Ankunft des Herrn ankündigen. Es gibt solche Zeichen, auch in unserer Zeit: Bewegungen, in denen sich neues Leben ankündigt, z. B. die Frauenbewegung, die Eine-Welt-Bewegung, die ökologische Bewegung, der Aufbruch für Frieden und Gerechtigkeit, für die ganze Schöpfung. Und hier sind Menschen, die bereit sind, andere aufzuwecken, wachzurütteln, damit auch diese sich von den Zeichen, die die Ankunft Gottes ankündigen, erfassen lassen. Schaut her: „Die Zeit ist nahe ... Die Zweige werden saftig, und die Blätter treiben."

Eine Traumgeschichte

Zu Genesis 28, 10–22

„10 Jakob zog aus Beerscheba weg und ging nach Haran. 11 Er
kam an einen bestimmten Ort, wo er übernachtete, denn die
Sonne war untergegangen. Er nahm einen von den Steinen die-
ses Ortes, legte ihn unter seinen Kopf und schlief dort ein. 12 Da
hatte er einen Traum: Er sah eine Treppe, die auf der Erde
stand und bis zum Himmel reichte. Auf ihr stiegen Engel
Gottes auf und nieder. 13 Und siehe, der Herr stand oben und
sprach: Ich bin der Herr, der Gott deines Vaters Abraham und
der Gott Isaaks. Das Land, auf dem du liegst, will ich dir und
deinen Nachkommen geben. 14 Deine Nachkommen werden
zahlreich sein wie der Staub der Erde. Du wirst dich unauf-
haltsam ausbreiten nach Westen und Osten, nach Norden
und Süden, und durch dich und deine Nachkommen werden
alle Geschlechter der Erde Segen erlangen. 15 Ich bin mit dir,
ich behüte dich, wohin du auch gehst, und bringe dich zurück
in dieses Land. Denn ich verlasse dich nicht, bis ich vollbrin-
ge, was ich dir versprochen habe. 16 Jakob erwachte aus seinem
Schlaf und sagte: Wirklich, der Herr ist an diesem Ort, und ich
wußte es nicht. 17 Furcht überkam ihn, und er sagte: Wie ehr-
furchtgebietend ist doch dieser Ort! Hier ist nichts anderes als
das Haus Gottes und das Tor des Himmels. 18 Jakob stand früh
am Morgen auf, nahm den Stein, den er unter seinen Kopf ge-
legt hatte, stellte ihn als Steinmal auf und goß Öl darauf.
19 Dann gab er dem Ort den Namen Bet-El (Gotteshaus).
Früher hieß die Stadt Lus. 20 Jakob machte das Gelübde. Wenn
Gott mit mir ist und mich auf diesem Weg, den ich einge-
schlagen habe, behütet, wenn er mir Brot zum Essen und Klei-
der zum Anziehen gibt, 21 wenn ich wohlbehalten heimkehre
in das Haus meines Vaters und der Herr sich mir als Gott er-
weist, 22 dann soll der Stein, den ich als Steinmal aufgestellt
habe, ein Gotteshaus werden, und von allem, was du mir
schenkst, will ich dir den zehnten Teil geben.“

„Tief ist der Brunnen der Vergangenheit. Sollte man ihn nicht unergründlich nennen?" So beginnt Thomas Mann den Roman „Joseph und seine Brüder", mit dem er auf seine Weise in die Geschichte der Stammväter Israels einführt. Wer die Vergangenheit nicht wahrnimmt, den kann es die Zukunft kosten. Gegenwartsverantwortung und Zukunftsfähigkeit des Glaubens gründen in der Treue zur eigenen Herkunft. Wer nicht weiß, woher er kommt, landet sehr schnell dort, wohin er gar nicht wollte. Das gilt für die eigene Lebensgeschichte, das gilt für unsere Gesellschaft und nicht zuletzt für das Volk Gottes. Ein Tor, wer nicht gerade in dürftigen Zeiten und auf Durststrecken aus dem unergründlichen, nicht versiegenden Brunnen der Vergangenheit schöpft, um ausgedörrtes und versteppptes Land zu bewässern. Wie tief oder wie flach sind die Brunnen, aus denen wir heute leben? Hat unser Glaubensvollzug die Tiefendimension, die ihm aus der Vergangenheit zukommt? Das Neue ist nicht unbedingt das Wahre. Ganz alte Geschichten können zukunftshaltiger sein als die vermeintlich modernen. So die Traumgeschichte von Jakob. Sie geht in die Tiefe der Vergangenheit, sie spürt Urfragen nach, an denen die Zukunft hängt.

Identitätskrise

Wo gehöre ich hin? Wo kann ich bleiben? Kein Mensch, der nicht von diesen Fragen bewegt ist. Letztlich können wir nicht leben ohne Heim und Heimat, ohne ein Zuhause. Das Haus ist mehr als eine Ansammlung von Steinen. Es ist ein Symbol für Geborgenheit, ein festes Dach überm Kopf, und nicht nur überm Kopf, sondern auch über der Seele. Man kann ja ein schönes Haus haben und doch kein Zuhause. Die ständig wachsende Zahl der psychisch Obdachlosen ist nicht weniger erschreckend als die Zahl derer, die bei uns buchstäblich auf der Straße liegen.

Jakob ist ein Mensch ohne Obdach, heimatlos. Was ist geschehen? Sie erinnern sich an die dubiose Verkleidungsszene (Gen 27,5–29), die Kindern Freude macht und auch Erwachsene nicht unberührt läßt. Jakob – der trickreiche und glatte, hinterhältige – will den Segen seines erstgeborenen Bruders Esau für sich. Seine Mutter stiftet ihn an zu einer verhängnisvollen Betrugsgeschichte. Er gibt sich als ein anderer aus, als er in Wahrheit ist. Er steigt in die Kleider seines Bruders. Er ist nicht mehr er selbst, er hat seine Identität verloren. Der Vater muß ihn fragen: „Wer bist du?" (18). Zweimal antwortet Jakob mit falschem Namen: „Ich bin Esau" (19.24). Er versucht sogar, Gott in die ganze Affäre einzuspannen: „Der Herr, dein Gott, hat es (das Böcklein) mir entgegenlaufen lassen" (20).

Schließlich hat Jakob „seinen" Segen. Aber alles, was Segen ist, hat er verloren: Geborgenheit, Friede, das Land der Verheißung. Er ist draußen vor der Tür seines Vaterhauses, er liegt auf der Straße. Das ist der Fluch der bösen Tat. Der erschlichene Segen wandelt sich in Fluch und treibt ihn in die Flucht. Er muß vor allen davonlaufen, vor dem Vater, dem Bruder, vor Gott und nicht zuletzt vor sich selbst. Die Sonne ist untergegangen (28,11), die Nacht überfällt ihn. Er sinkt in den Schlaf, den Kopf auf einem alten, denkwürdigen Stein. Da bekommt er es nun tatsächlich mit Gott zu tun, den er für seine Betrügerei vereinnahmen wollte.

Land in Sicht

Jakob hat einen Traum, eine Vision: eine Leiter, auf der Engel auf- und niedersteigen. Sie steht auf der Erde und reicht an den Himmel (28, 12). Gott offenbart sich ihm: „Ich bin der Herr, der Gott deines Vaters Abraham und der Gott Isaaks. Das Land, auf dem du liegst, will ich dir und deinen Nachkommen geben ... Durch dich und deine Nachkommen werden alle Geschlechter der Erde Segen erlangen. Ich bin mit dir, ich behüte dich, wohin du auch gehst, und bringe dich zurück in dieses Land. Denn ich verlasse dich nicht" (13–15). – Auf drei Aussagen dieses Textes möchte ich besonders aufmerksam machen:

– Die Bibel zeichnet einige Seiten vorher eine Art Kontrastbild: Babel. Da geht es um einen alten (Menschheits-)Traum, der Himmel und Erde zusammenbringen soll. Die Leute von Babel wollen mit ihrem Turm den Himmel stürmen, und sie fallen schließlich aus allen Wolken, sie werden zerstreut, heimatlos. – Jakob braucht keinen Turm zu bauen, um in den Himmel zu kommen, er bleibt auf der Erde. Die Richtung seines Traums geht nicht von der Erde in den Himmel, sondern vom Himmel zur Erde. Er bekommt anderes zu sehen und zu hören, als Menschen sich an den Tiefpunkten und auf den Höhepunkten ihres Lebens selbst erträumen. Was er erfährt, ergibt sich nicht aus seiner Lebensgeschichte oder aus den Umständen, sondern geht weit darüber hinaus. Als er's bei wachem Bewußtsein auf sich wirken läßt, erschrickt er (vgl. 17), ein Zeichen dafür, daß die unerwartete Gottesbegegnung in der Nacht nicht die Erfüllung eines Wunschtraumes ist. Völlig überraschend kommt ein anderer auf ihn zu, der ganz Andere spricht ihn an. Erfahrungen an der Grenze! Da kann man die Engel singen hören. Das ist, wie wenn einem Schiffbrüchigen von einem Hubschrauber aus eine Strickleiter zugeworfen wird.

– Das große Täuschungsmanöver hat Jakob um seine Identität gebracht und ihn in die Flucht getrieben. Gott stellt sich dem Flüchtigen in den Weg, auch darin überraschend anders, daß er ihn nicht auf seine Schuld festlegt, sondern ihn mit seiner ganzen Vergangenheit annimmt. Die nächtliche Gottesbegegnung wird für Jakob zu einer wichtigen Station auf dem langen Weg, zu sich selbst zu finden. Gott stellt ihn nicht nur, er gibt ihm einen Ort, wo er stehen kann, einen Standpunkt. Er verheißt dem Flüchtigen Land, Boden unter den Füßen (vgl. 13.15). Da ist wahrhaftig Land in Sicht. Gott spricht ihn persönlich an: „Ich bin mit dir." Jakob kann wieder zu sich selbst stehen und ehrlichen Herzens „ich" sagen. „Wirklich, der Herr ist an diesem Ort, und ich wußte es nicht" (16). Gott ermöglicht ihm jene Identität, die er sich selbst nicht verschaffen konnte. Die Linien seines Lebens ordnen sich neu zu einer Perspektive.

– Den Segen kann man sich nicht selbst verschaffen, er ist ein Geschenk des Himmels. Der Segen, den Gott dem Jakob zusagt, unterscheidet sich denn auch ganz auffällig von dem erschlichenen Segen. Dort heißt es: „Dienen sollen dir die Völker, Stämme sich vor dir niederwerfen, Herr sollst du über deine Brüder sein" (27, 19). Hier wird betont: „Durch dich und deine Nachkommen werden alle Geschlechter der Erde Segen erlangen" (28, 14). Der Kampf um den Segen als Privatbesitz hat ein Ende. Allen wird der Segen zuteil. Jakob/Israel ist ein wahrer Segen für die ganze Welt.

Stein und Traum

„Jakob nahm einen von den Steinen dieses Ortes, legte ihn unter seinen Kopf und schlief dort ein. Da hatte er einen Traum" (11 f). Der Stein und der Traum, die harte Wirklichkeit der Fakten und die Vision neuer Lebensmöglichkeiten. Eine ungeheure Spannung liegt in diesen Aussagen. Wohlgemerkt: Die Himmelsleiter hängt nicht in der Luft: Sie steht, das wird ausdrücklich betont (vgl. 12), auf der Erde. Jakob steigt nicht in den Himmel, er bleibt der Erde treu in jener Grenzsituation, wo der Himmel die Erde berührt, Gott den Menschen. Da begegnen sich Welten, spannungsvoll und spannend zugleich. Stein – jeder weiß, was das bedeutet: die Schwerkraft der Materie, die Härte der vorgegebenen Fakten, die Einsamkeit dessen, der auf der Straße liegt, ohne Dach überm Kopf und über der Seele! Und dann – kaum zu glauben – mit dem Kopf auf diesem harten Stein die Vision, in der sich Himmelstore auftun. Es kommt alles darauf an, diese ungeheure Spannung zwischen Stein und Vision durchzuhalten und auf der Hut zu sein, daß der Stein die Vision nicht erdrückt und die Vision den Stein nicht verflüchtigt.

Viele sagen: ‚Ach was, alles nur ein Traum. Die Verhältnisse sind nicht so. Die harte Wirklichkeit duldet keine Visionen. Weg damit. Kommen wir zur Sache.' Ein Pragmatismus, der nur noch Erde (Stein) sieht und vergißt, daß der Himmel sie berührt. – Nach dem Zerfall des „real existierenden Sozialismus" mehren sich die Stimmen, die das Ende der Utopien ansagen, ja sogar das Ende der Geschichte. Es gebe keine Alternativen mehr zum vorhandenen politischen und ökonomischen System, allenfalls gewisse Verbesserungen. Dieser verblendete, sich selbst genügende Pragmatismus ist eher eine Ideologie von Besitzenden, die meinen, alles zu haben, weshalb ihnen zum vorhandenen Wohlstandssystem keine Alternative mehr einfällt. Die jüdisch-christliche Tradition jedenfalls lebt aus der Vision einer neuen Welt, die sich nicht mit dem Vorhandenen deckt und sich nicht aus den faktischen Gegebenheiten ergibt, so sehr sie sie betrifft. Für Jakob eröffnet die Vision mit der Verheißung Gottes eine neue, ungeahnte Lebensperspektive, und nicht nur für ihn persönlich, sondern für Generationen: „Alle Geschlechter der Erde werden Segen erlangen" (14).

Nicht geringer ist die Versuchung zur anderen Seite hin. Auf der Suche nach Geborgenheit möchte man sich ganz in den Träumen einnisten: ‚Weg mit den steinigen Verhältnissen. Die trostlosen und phantasielosen Realitäten interessieren uns nicht.' Was wird heute nicht alles getan, um eine illusionäre Welt zu inszenieren! Das gilt auch für religiöse Traumtänzereien, nicht nur in der Esoterik. Man entzieht sich im Anspruch eines wachen, aufgeklärten Bewußtseins und zieht sich zurück in eine gefühlige, stimmungsvolle Unmündigkeit. Viele Menschen – nicht zuletzt auch Jugendliche – fliehen in ihre kleine Traumwelt: ein bißchen Harmonie, ein bißchen Innerlichkeit und Selbstverwirklichung, ein bißchen privates Glück. Hauptsache, man fühlt sich wohl. Religion wird akzeptiert, soweit sie dem Traum vom leidfreien Leben dient. Man greift mal zum Buddhismus, mal zum Islam, mal zur Anthroposophie, je nachdem. ‚Dies und das, von jedem was', das scheint die Devise zu sein im postmodernen Kulturkarneval, in dem schließlich alles geht und es auf nichts ankommt. Das könnte ein böses Erwachen geben. – Mit Jakobs Traum ist es anders. Er fällt ihm zu, während er mit dem Kopf auf dem Stein liegt. Gottes Verheißung ist nicht zu trennen von den harten Realitäten des Lebens, sonst rettet sie nicht. Sie schließt die gesellschaftlichen Gegebenheiten und Herausforderungen nicht aus, sondern bezieht sie ein.

Jakob verwirft weder den Traum noch den Stein. Er hält beides zusammen, die steinige Welt und die Gottes-

des Himmels" (Gen 28, 17). Jesus ist der Ort Gottes, die Stätte seiner Gegenwart auf Erden.

Er ist das Geheimnis unseres Glaubens, wobei Geheimnis nicht als „undurchsichtig" und „mysteriös" zu verstehen ist, sondern das meint, was das Wort sagt: Geheim-nis! In Christus finden wir ein Heim, Heimat. Er bereitet uns die Wohnung beim Vater: „Ich gehe, um einen Platz für euch vorzubereiten. Wenn ich gegangen bin und einen Platz für euch vorbereitet habe, komme ich wieder und werde euch zu mir holen, damit auch ihr dort seid wo ich bin" (Joh 14, 2 f). Er bürgt für unsere Heimkehr. Ohne ihn wird es im wahrsten Sinne des Wortes un-heim-lich. Uns allen, oft genug unbehaust und obdachlos und nicht selten auf der Flucht, ist in ihm Heimat geschenkt, ein Dach überm Kopf und ein Zuhause für die Seele. Er ist die Erfüllung dessen, was die Jakobserzählung verheißt.

Mir gehört die ganze Erde

Zu Exodus 19, 3–6

„[3]Mose stieg zu Gott hinauf. Da rief ihm der Herr vom Berg her zu: Das sollst du dem Haus Jakob sagen und den Israeliten verkünden: [4]Ihr habt gesehen, was ich den Ägyptern angetan habe, wie ich euch auf Adlerflügeln getragen und hierher zu mir gebracht habe. [5]Jetzt aber, wenn ihr auf meine Stimme hört und meinen Bund haltet, werdet ihr unter allen Völkern mein besonderes Eigentum sein. Mir gehört die ganze Erde, [6]ihr aber sollt mir als ein Reich von Priestern und als ein heiliges Volk gehören. Das sind die Worte, die du den Israeliten mitteilen sollst."

Ein Text wie Urgestein – Jahrtausende alt. Was sagen Sie dazu? Vielleicht: „Kenne ich schon." Oder: „Eine versunkene Welt." Wir haben andere Fragen: Dritte Welt, soziale Gerechtigkeit, Umwelt. Wir machen uns Gedanken über die Chancen und Gefährdungen der Freiheit. Was kommt auf uns zu? Wie kommen wir aus den Kalamitäten heraus, in die wir – selbst verursacht oder unverschuldet – hineingeraten sind?

Was sagt der Text? Er ist wie ein Kristallisationspunkt einer Freiheitsgeschichte, aus der Juden und Christen bis heute leben. Israel hat über Jahrhunderte hindurch in immer neuen Variationen von der Befreiung aus Ägypten gesungen und erzählt, so wichtig ist sie ihm gewesen. Es hat sich auch in der Knechtschaft in Babylon an sie erinnert und daraus das Vertrauen geschöpft, nicht allein gelassen zu sein. Gott steht zu seinem Bund mit dem Volk. Das läßt hoffen, auch in dunkler Zeit. Der Text, auf den wir hier hören, steht im Buch Exodus an zentraler Stel-

nen Traum" (11 f). Der Stein und der Traum, die harte Wirklichkeit der Fakten und die Vision neuer Lebensmöglichkeiten. Eine ungeheure Spannung liegt in diesen Aussagen. Wohlgemerkt: Die Himmelsleiter hängt nicht in der Luft: Sie steht, das wird ausdrücklich betont (vgl. 12), auf der Erde. Jakob steigt nicht in den Himmel, er bleibt der Erde treu in jener Grenzsituation, wo der Himmel die Erde berührt, Gott den Menschen. Da begegnen sich Welten, spannungsvoll und spannend zugleich. Stein – jeder weiß, was das bedeutet: die Schwerkraft der Materie, die Härte der vorgegebenen Fakten, die Einsamkeit dessen, der auf der Straße liegt, ohne Dach überm Kopf und über der Seele! Und dann – kaum zu glauben – mit dem Kopf auf diesem harten Stein die Vision, in der sich Himmelstore auftun. Es kommt alles darauf an, diese ungeheure Spannung zwischen Stein und Vision durchzuhalten und auf der Hut zu sein, daß der Stein die Vision nicht erdrückt und die Vision den Stein nicht verflüchtigt.

Viele sagen: ‚Ach was, alles nur ein Traum. Die Verhältnisse sind nicht so. Die harte Wirklichkeit duldet keine Visionen. Weg damit. Kommen wir zur Sache.' Ein Pragmatismus, der nur noch Erde (Stein) sieht und vergißt, daß der Himmel sie berührt. – Nach dem Zerfall des „real existierenden Sozialismus" mehren sich die Stimmen, die das Ende der Utopien ansagen, ja sogar das Ende der Geschichte. Es gebe keine Alternativen mehr zum vorhandenen politischen und ökonomischen System, allenfalls gewisse Verbesserungen. Dieser verblendete, sich selbst genügende Pragmatismus ist eher eine Ideologie von Besitzenden, die meinen, alles zu haben, weshalb ihnen zum vorhandenen Wohlstandssystem keine Alternative mehr einfällt. Die jüdisch-christliche Tradition jedenfalls lebt aus der Vision einer neuen Welt, die sich nicht mit dem Vorhandenen deckt und sich nicht aus den faktischen Gegebenheiten ergibt, so sehr sie sie betrifft. Für Jakob eröffnet die Vision mit der Verheißung Gottes eine neue, ungeahnte Lebensperspektive, und nicht nur für ihn persönlich, sondern für Generationen: „Alle Geschlechter der Erde werden Segen erlangen" (14).

Nicht geringer ist die Versuchung zur anderen Seite hin. Auf der Suche nach Geborgenheit möchte man sich ganz in den Träumen einnisten: ‚Weg mit den steinigen Verhältnissen. Die trostlosen und phantasielosen Realitäten interessieren uns nicht.' Was wird heute nicht alles getan, um eine illusionäre Welt zu inszenieren! Das gilt auch für religiöse Traumtänzereien, nicht nur in der Esoterik. Man entzieht sich im Anspruch eines wachen, aufgeklärten Bewußtseins und zieht sich zurück in eine gefühlige, stimmungsvolle Unmündigkeit. Viele Menschen – nicht zuletzt auch Jugendliche – fliehen in ihre kleine Traumwelt: ein bißchen Harmonie, ein bißchen Innerlichkeit und Selbstverwirklichung, ein bißchen privates Glück. Hauptsache, man fühlt sich wohl. Religion wird akzeptiert, soweit sie dem Traum vom leidfreien Leben dient. Man greift mal zum Buddhismus, mal zum Islam, mal zur Anthroposophie, je nachdem. ‚Dies und das, von jedem was', das scheint die Devise zu sein im postmodernen Kulturkarneval, in dem schließlich alles geht und es auf nichts ankommt. Das könnte ein böses Erwachen geben. – Mit Jakobs Traum ist es anders. Er fällt ihm zu, während er mit dem Kopf auf dem Stein liegt. Gottes Verheißung ist nicht zu trennen von den harten Realitäten des Lebens, sonst rettet sie nicht. Sie schließt die gesellschaftlichen Gegebenheiten und Herausforderungen nicht aus, sondern bezieht sie ein.

Jakob verwirft weder den Traum noch den Stein. Er hält beides zusammen, die steinige Welt und die Gottesvision. Er kehrt nach der nächtlichen Traumerfahrung nicht einfach zur gewohnten Tagesordnung zurück. Er weicht den Realitäten seines Lebens nicht aus, aber sie bekommen durch das Gesehene und Gehörte eine neue Perspektive. Der Stein gewinnt dabei eine besondere Bedeutung.

Wenn Steine reden

„Jakob erwachte aus seinem Schlaf und sagte: Wirklich, der Herr ist an diesem Ort ... Wie ehrfurchtgebietend ist doch dieser Ort!" (16 f). Der Ort seiner Gotteserfahrung auf Erden ist ihm heilig. Den will er auf jeden Fall in Erinnerung halten. Darum trifft er Vorsorge gegen das Vergessen: „Er nahm den Stein, den er unter seinen Kopf gelegt hatte, stellte ihn als Steinmal auf und goß Öl darauf. Dann gab er dem Ort den Namen Bet-El (Gotteshaus)" (18 f). Er macht den Ort seines Traumes zu einem Denkmal, zu einem Stein, der für Gott spricht. Andere Menschen unterwegs und künftige Generationen sollen an das erinnert werden und finden können, was ihm hier zuteil geworden ist. Bet-El ist für ihn eine unvergessene Station auf seinem langen Weg vom Konkurrenten Esaus zum Stammvater Israels.

Jakob richtet sich nicht im Heiligtum ein. Gott schickt ihn vielmehr neu auf den Weg: „Ich bin mit dir, ich behüte dich, wohin du auch gehst" (15). Der vertikalen Achse an der Nahtstelle von Himmel und Erde korrespondiert die horizontale in Raum und Zeit. Gott legt sich nicht auf den heiligen Ort fest, er begleitet Jakob auf seinen Wegen und Umwegen, selbst auf den Abwegen ist er nicht fern. Der Ort, an den er ihn gestellt hat, wird zum Ausgangspunkt eines neuen Weges in der Kraft und Herausforderung göttlicher Verheißung. Risiken und

Leiden sind auf diesem Exodus nicht ausgeschlossen, sie sind vielmehr zu erwarten. Aber das ist nicht alles. Jakob und allen, die mit ihm unterwegs sind, steht das Haus Gottes als Ort der Heimkehr offen, als Fluchtpunkt aller menschlichen Wege.

„Man muß weggehen können und fest stehen wie ein Baum", sagt Hilde Domin. Die Spannung, die in diesem Wort liegt prägt unser Leben und unseren Glauben. Die unterschiedlichen Traditionen, die in die Jakobserzählung eingegangen sind, bringen jeweils einen der beiden Pole zum Ausdruck: dem Jahwisten (13–16) liegt am Weggeleit Jahwes, dem Elohisten (11 f; 17 f; 20–22) am „gotthaltigen" Ort. Der Gott Israels ist von den Ursprüngen her ein Weg-Gott, immer dabei auf den Wegen des Volkes und des einzelnen. Seine Beweglichkeit ist Ausdruck seines Wesens, seiner Wegtreue und seiner Freiheit. Andererseits hat er sich an bestimmten Punkten der Geschichte seines Volkes gleichsam häuslich niedergelassen. Keine der beiden Antworten auf die Frage, wo und wie Gott nahe ist, darf unterschlagen werden. Gott ist mit auf dem Weg, und er hat seine besonderen Orte. Man wird der biblischen Tradition nicht gerecht, wenn man den Exodus verabsolutiert und den Glauben zu einer reinen Auszugsideologie verkehrt. Der Weg ist nicht das Ziel. Wie der Exodus nicht ohne das verheißene Land zu verstehen ist, so ist die ganze Geschichte Israels nicht ohne heilige Orte, Zeiten und Räume, nicht ohne Tempel und Gotteslob zu denken. Dabei ist Israel oft genug der Versuchung erlegen, Gott haben und handhaben zu wollen, ihn in die eigenen Pläne und Interessen einzubauen. Die Propheten sind nicht müde geworden, diesen Mißbrauch zu bekämpfen (vgl. Amos 4, 4; 5, 5 zu Bet-El). Gleichwohl ist die Botschaft für das alte wie für das neue Gottesvolk eindeutig: Keine Sendung in die

Welt ohne Orte der Vergewisserung. Ohne Tempel und Gotteshaus, Kirchen und Klöster gehen die Träume, Verheißungen und Ursprungserfahrungen des Glaubens unter, werden verdrängt oder einfach vergessen. Mehr denn je sind heute solche Orte lebens- und glaubensnotwendig. Sie sind vorläufig, nicht endgültig, Vorgeschmack im Übergang. Was der Hebräerbrief im Blick auf Israel sagt, gilt entsprechend für uns: „Voll Glauben sind diese alle gestorben, ohne das Verheißene erlangt zu haben; nur von fern haben sie es geschaut und gegrüßt und haben bekannt, daß sie Fremde und Gäste auf Erden sind. Mit diesen Worten geben sie zu erkennen, daß sie eine Heimat suchen" (11, 13 f).

Wenn Steine reden ... Bisweilen tun sie es, wenn Menschen ihre Erfahrungen an Steinen festmachen. So ist es mit dem denkwürdigen Stein in Bet-El. Er ist ein Ort, der zu Israel spricht – und zu uns.

Gelübde

Mit dem Gelübde am Ende der Erzählung mag sich mancher schwertun. „Wenn ich wohlbehalten heimkehre in das Haus meines Vaters und der Herr sich mir als Gott erweist, dann soll der Stein, den ich als Steinmal aufgestellt habe, ein Gotteshaus werden" (21 f). Wenn – dann: Ist das nicht – unterm Strich – ein ganz banales Tauschgeschäft, so fromm es sich auch gibt? Ist solcher Handel nach dem Gesetz „Wie du mir, so ich dir" nicht dem christlichen Glaubensverständnis zuwider und in der Reformation zu Recht gebrandmarkt worden?

„Es geht natürlich nicht an, solch ein Gelübde von vornherein als ein primitives Tauschgeschäft religiös zu verdächtigen ... Es enthält sicher auch hier durch seinen selbst gewählten Vorsatz zunächst einmal eine ganz persönliche Bindung des Einzelnen an Gott und eine Verpflichtung zur Dankbarkeit" (G. v. Rad). Die Voraussetzung der Selbstverpflichtung (wenn – dann) sollte man nicht als unlautere Bedingung verdächtigen. Jakob diktiert Gott keine Bedingungen, er nimmt ihn bei seinem Wort. Gott hat sich in seiner Verheißung an Jakob gebunden, nun bindet sich Jakob in seinem Gelübde an Gott. Er kennt sich und seine Wankelmütigkeit, darum legt er sich vor Gott fest. Er holt sein Bekenntnis zu Gott aus der privaten, ungreifbaren Innerlichkeit heraus und macht es öffentlich, handfest. Dabei ist nicht vergessen, daß Gottes Haus auf Erden nicht eine Wohnung ist, die wir unsererseits für Gott bauen, sondern der Ort, an dem Gott uns zuhause sein läßt (vgl. 19).

Unter offenem Himmel

Nach dem Johannesevangelium greift Jesus die Erzählung von der Jakobsleiter auf: „Amen, amen, ich sage euch: Ihr werdet den Himmel offen und die Engel Gottes auf- und niedersteigen sehen über dem Menschensohn" (1,51). Was Jakob im Traum sah, bringt Jesus für immer zusammen: Himmel und Erde, Gott und Mensch. Er ist „die sichere Leiter, darauf man steigt zum Leben, das Gott will ewig geben" (Gotteslob 182, 4). Die Rettungsleiter gehört unter das Kreuz. Jesus ist kein Himmelsstürmer, auch kein Aufsteiger. Er ist heruntergekommen, hinabgestiegen bis zum Tod am Kreuz, bis ins Grab. Diesen Jesus hat Gott auferweckt. „Hier ist die Pforte des Himmels nun offen zu sehen" (Gotteslob 144, 4; dort wird freilich das ursprüngliche „Himmel" in „Leben" umgedeutet). Über Jesus ist der Himmel offen. „Hier ist nichts anderes als das Haus Gottes und das Tor

le. Dieses Buch erzählt ja von den beiden Heilstaten Gottes, denen Israel seine Existenz verdankt: Befreiung aus Ägypten (Kap. 1–15, mit der Wüstenwanderung Kap. 16–18) und Bundesschluß am Sinai (Kap. 19 ff). An der Nahtstelle dieser beiden Traditionen steht der Text, um den es uns geht. Er erinnert an die Befreiung aus dem Sklavenhaus Ägypten und ist zugleich eine Art Ouvertüre für das Sinai-Geschehen. Die Themen des Bundesschlusses kündigen sich an.

Befreiung aus dem Sklavenhaus Ägypten

Exodus – Auszug aus Ägypten. Da kommt Israel her. Es hat die Knechtschaft am eigenen Leib zu spüren bekommen. Es ist aufgebrochen und hat den Pharaonen den Rücken gekehrt. Die Befreiung aus der Sklaverei durch Gottes Tat ist das Ursprungsereignis Israels. Darum sind „Gott" und „Freiheit" für dieses Volk unzertrennbar verbunden. Jahwe unterdrückt den Menschen nicht, er schenkt ihm Freiheit. Seine Herrschaft engt das Leben nicht ein, sondern bringt es zur Entfaltung. Sein Wille würgt niemanden ab, sondern eröffnet neue Möglichkeiten. Die Befreiung aus Ägypten hat Israel als ein Ja zum Leben erfahren, als göttliche Zusage eines von Knechtschaft befreiten Lebens. Der Name Gottes bürgt für Freiheit.

Der Weg in die Freiheit ist lang, er geht durch Wasser und Wüsten, durch Entbehrungen und Versuchungen („Wären wir doch in Ägypten geblieben ..." 16,3). Befreiung ist nicht im Handumdrehen zu haben, man muß sie sich etwas kosten lassen. Sie fordert uns auf Leben und Tod.

Ägypten ist überall, wo Menschen unter innerer und äußerer Fremdherrschaft leiden, wo sie verelenden oder ausgebeutet werden. Wir sind gerufen, aus solchen Gefangenschaften auszubrechen und anderen den Aufbruch zu ermöglichen. Man kann nicht sagen: „Unrecht und Unterdrückung – das hat im Grunde nichts mit dem Glauben zu tun." Das kann man im Ernst nicht sagen, wenn man die alte Befreiungsgeschichte des Auszugs aus Ägypten hört. Man kann nicht sagen: „Den Christen geht es im Grunde um ganz anderes, rein Inneres, nicht um Knechtschaft oder Freiheit." Das kann man nicht sagen, wenn man an Jesus glaubt. Man kann nicht sagen: „Die Pharaonen berühren den Glauben eigentlich gar nicht, laß sie doch gewähren. Es ist gar nicht so wichtig, was sich in Afrika abspielt oder in China." Das kann und darf man nicht sagen! Die Befreiungsgeschichten der Bibel verbieten uns das. Sie sind uns ins Stammbuch geschrieben.

„Ihr habt gesehen, was ich den Ägyptern angetan habe..." (19,4). – Was hat Gott den Ägyptern alles angetan? „Rosse und Wagen warf er ins Meer..." (Ex 15,1). – Wenn es nur die Rosse und Wagen wären, das ganze Kriegsmaterial der ägyptischen Hochrüstung – wer würde sich darüber nicht freuen! Aber auch die Reiter, die Soldaten sind umgekommen: „Nicht ein einziger von ihnen blieb übrig..." (Ex 14,28). Können wir da heute noch mitmachen und triumphieren?

Israels Befreiung aus der Knechtschaft Ägyptens sammelt sich für uns in der Geschichte des einen Israeliten Jesus von Nazaret, der Gottes Sohn ist. Er hat die alte Befreiungsgeschichte eingelöst. Er hat sie nicht nur einfach fortgeschrieben, er hat sie erlöst. Auf seine Weise! Ägypten ist ihm nicht erspart geblieben. Er ist den Weg Israels nachgegangen, nach Ägypten und aus dem Land der Knechtschaft und Fremdherrschaft heraus (Mt 2,13–15.19–23). Auch er wurde ein Opfer von Gewalt und Unterdrückung. Auch ihm stand das Wasser bis zum Halse. Aber er ist weder den Soldaten der mörderischen Mächte wunderbar entkommen, noch erst recht hat Gott vom hohen Thron herab mit Blitz und Donner und himmlischen Heerscharen eingegriffen. In seiner Befreiungsgeschichte ertrank niemand in dunklen Wasserfluten; die Wogen schlugen über ihm zusammen. Keiner kam zu Tode, nur er selbst! Keiner starb seinetwegen, er starb für die anderen: „Für euch und für alle." Das ist der Weg zum Leben in der Auferstehung. Von dort kommen wir her als Getaufte.

Auf Adlerflügeln ...

Israel hat sehr genau festgehalten, daß es seine Existenz nicht eigener Leistung verdankt, sondern der schöpferischen Initiative Gottes. Es ist durch den angesprochen und auf die Beine gestellt, der sagt: „Ich bin Jahwe, dein Gott, der dich aus Ägypten geführt hat, aus dem Sklavenhaus ..." (Ex 20, 2). Alle Freiheit des Volkes zu besonderer Existenz und Sozialgestaltung lebt von dieser bleibenden Vorgabe. Jahwe ist es, der das Stöhnen des unfreien, geknechteten Volkes hört. Er führt es heraus und voran. Er ist bahnbrechend für den Weg des Volkes.

Der Adlerspruch (19, 4) sammelt die vielen Erlebnisse des Exodus in einem Bild auf Jahwe hin als dem Hort der Freiheit: Ich habe euch zu mir getragen! Das Gottesvolk soll nicht bei den bloßen Fakten stehenbleiben, sondern die Augen offenhalten (4) für den, der seine Geschichte wirkt. Er trägt es zu sich wie auf Adlerflügeln; schützend, bergend führt er es zielstrebig in die Freiheit. Er beflügelt es, damit es nicht ins Flattern gerät. Mit ihm ist es an der Spitze der Bewegung.

„Wer im Schutz des Höchsten wohnt
und ruht im Schatten des Allmächtigen
der sagt zum Herrn:
‚Du bist für mich Zuflucht und Burg,
mein Gott, dem ich vertraue.'
Er rettet dich aus der Schlinge des Jägers
und aus allem Verderben.
Er beschirmt dich mit seinen Flügeln,
unter seinen Schwingen findest du Zuflucht,
Schild und Schutz ist dir seine Treue" (Ps 91, 1–4).

Vielleicht ist im Adlerspruch auch an das Motiv der Entrückung gedacht: Wie ein Adler ist Jahwe in Ägypten eingedrungen; er hat das Volk als kostbare „Beute" geholt und zu seinem heiligen Berg getragen, um an diesem Fixpunkt (nicht nebenbei unterwegs) den Bund mit ihm zu schließen.

Zu Gottes Eigentum erwählt

In dreierlei Hinsicht ist die Berufung Israels näher charakterisiert:

– „Ihr werdet unter allen Völkern mein besonderes Eigentum sein" (5). Israel als Gottes persönliches Eigentum. Israel ist nicht von Natur aus oder aufgrund natürlicher Vorzüge Gott ans Herz gewachsen, sondern ausschließlich aufgrund der besonderen Zuneigung Gottes. Er hat es „gefreit". Das „besondere Eigentum" meint einen Besitz, der dem König am Herzen liegt, wie ein Kronjuwel. Nicht „über" die anderen Völker, sondern „aus" den Völkern heraus hat Gott sich Israel zu Herzen genommen. Daraus ergeben sich keinerlei Vorrechte oder Herrschaftsansprüche über die anderen. Weil es nicht darum geht, trägt die Zusage Gottes auch noch auf dem Tiefpunkt in Babylon.

– „Ihr aber sollt mir als ein Reich von Priestern gehören …" (6). Nach alttestamentlicher Auffassung stehen die Priester in Gottes Nähe, sie dienen der Vermittlung zwischen Gott und Mensch. Der priesterliche Dienst ist hier nicht auf einige wenige begrenzt, sondern entschränkt: Israel soll sich als ganzes Volk Gott nahen dürfen wie die Priester, es soll für alle Welt den Gottes-Dienst vollziehen im Alltag der Welt. Gott hat sich das Volk als ganzes zu eigen gemacht, zu seinem besonderen Vertrauen erwählt.

– „Und als ein heiliges Volk …" (6). Heilig steht hier nicht im Gegensatz zu „sündig", sondern zu „gewöhnlich", „profan". Diese Eigenschaft kommt in erster Linie Gott selber zu. Er ist der ganz Andere, der Unfaßbare, der Heilige. Menschen sind insofern heilig, als sie für Gott ausgesondert sind und damit dem göttlichen Bereich, der Herrschaft Gottes angehören. Als heiliges Volk ist Israel zur Heiligkeit gerufen, zu einem Leben, das die Heiligkeit Gottes, seine besondere Art in der Welt transparent werden läßt als die große Alternative. Berufung begründet immer eine Sendung, und die Sendung gründet in der Berufung. Israels Erwählung heißt nicht, daß Gott sich von den anderen Völkern abwendet. Er hat für sie dazusein. Dieser Dienst an den anderen heißt in der Abrahamsgeschichte „Segen". Israel ist ein Segen für die Welt. Israel ist der Weg, auf dem Gottes Heil zu allen Völkern kommt.

Der erste Petrusbrief greift diese Stelle auf: „Ihr aber seid ein auserwähltes Geschlecht, eine königliche Priesterschaft, ein heiliger Stamm, ein Volk, das sein besonderes Eigentum wurde, damit ihr die großen Taten dessen verkündet, der euch aus der Finsternis in sein wunderbares Licht gerufen hat" (2, 9). Von Abraham bis

Jesus ist uns gesagt, was Gott mit der Berufung im Auge hat: nicht daß wir aufs Podest gestellt werden, nicht daß wir uns hochjubeln lassen, nicht daß wir uns im Glanz dieser Berufung sonnen und uns darauf etwas einbilden. Die Berufung hat diesen Sinn: „Für euch und für alle!" Gott beruft zum Dienst in und an der Welt. Er erwählt nicht, damit wir uns auf den ersten Plätzen breit machen, sondern damit wir das Geheimnis des letzten Platzes begreifen. Darauf ruht sein Blick, seit Jesus diesen Platz eingenommen hat.

Wenn ihr auf meine Stimme hört

„Auf Gottes Stimme hören" umschreibt für Israel in Kürze den ganzen gelebten Glauben. Es ist nicht Zufall, daß schon die Erzählung von der Sünde im Paradies die Schuld des eigentlich Verantwortlichen nicht darin sieht, daß er vom Baum gegessen hat, sondern „weil du auf die Stimme deiner Frau gehört hast" (Gen 3, 17). Das Geschöpf ist an die Stelle des Schöpfers getreten. Der hebräische Text unterstreicht die Bedeutung des Hörens an dieser Stelle (Ex 19, 5): Wenn ihr wirklich, ernstlich, genau auf meine Stimme hört ... Es ist nicht damit getan, Gottes Wort nur zur Kenntnis zu nehmen. Es geht darum, sein Wort anzuerkennen und das Leben danach zu richten. Dabei ist klar: Das Gebot ist nicht die Voraussetzung des Exodus, sondern seine Frucht. Es schützt den Aufbruch in die Freiheit. Das kommt auch dadurch zum Ausdruck, daß die zehn Worte der Weisung („Gebote") nicht mit Forderungen beginnen. Zu Anfang steht da: „Ich bin Jahwe, dein Gott, der dich aus Ägypten geführt hat, aus dem Sklavenhaus ..." (Ex 20, 2). Alle Freiheit des Volkes zu besonderer Existenz und alternativem Verhalten lebt von dieser bleibenden Vorgabe. Die Gebote haben den einzigen Sinn, das Geschenk der Freiheit zu wahren. Ist das Volk so frei, der Gabe Gottes zu entsprechen und seine Erwartungen einzulösen?

Die Freiheit bezieht sich nicht nur auf die Beseitigung der Abhängigkeit von anderen Völkern (von Ägypten), sie zielt auf eine Änderung im sozialen Verhalten. Jahwe ist „der Herr über den Herren" und Herrschaften. Er läßt kein Ansehen gelten und nimmt keine Bestechung an. Er verschafft Waisen und Witwen ihr Recht. Er liebt die Fremden und gibt ihnen Nahrung und Kleidung. „Auch ihr sollt die Fremden lieben, denn ihr seid Fremde in Ägypten gewesen" (Dtn 10, 17 ff). Die Israeliten werden durch die Erinnerung an ihre eigene Befreiung aufgerufen, dem Fremdling, der Witwe oder dem Waisen, dem Sklaven Raum zum Leben zu gewähren und sozialen Unfrieden zu beseitigen.

Emanzipation – wovon?

Gottes Eigentum, auf seine Stimme hören ... – Ist das nicht die letzte große Knechtschaft, aus der der Mensch sich befreien muß? Sind die Adlerflügel nicht die schlimmsten Fänge, die uns gefangen halten? Viele haben so gedacht und denken so. Emanzipation heißt dann: Sich befreien aus Gottes mancipium = Eigentum, aus seiner Hand. Das ist leicht gesagt. Aber was geschieht, wenn uns Gottes Adlerflügel nicht mehr bergen, wenn uns seine Hand nicht mehr trägt? Dann sitzt uns auf einmal die Angst im Nacken und jagt uns, die Heiden-Angst, wir könnten uns in dasselbe Nichts verlieren, aus dem wir kommen. Suchen wir in wahnsinnswitziger „Freiheit von Gott" uns selbstherrlich zu verwirklichen, gleichsam auf Teufel komm raus, dann kommt der Teufel auf einmal heraus. Aus lauter Angst geraten wir in eine fatale Flucht nach vorn, ohne daß wir je den Anlaß und Unruheherd dieser Flucht loswerden, den Angst-Teufel. Aus der Not eine vermeintliche Tugend machend, bleiben wir doch um so mehr in dieser Not gefangen. Dann reden wir von Fortschritt und übersehen, daß uns die Angst jagt. Bedenken wir, was alles bei dieser Jagd auf der Strecke bleibt und worauf sie hinausläuft?

Aus lauter Angst, zu kurz zu kommen und unverwirklicht zu sterben, häufen wir – wenigstens der Sehnsucht nach – möglichst viel Wissen, Macht, Geld und Besitz, selbst auf die Gefahr hin, wie aufgeblasen und inflationär zu wirken. Wir produzieren uns selbst, als seien wir die Herren der Welt.

Und am Ende haben wir nur mehr Papierblumen und Kunstschmetterlinge, weil die Tiere aussterben und die Rohstoffe ausgehen. Wir tun so, als könnten wir unsere großartigen Einsichten in die menschliche Erbmasse dazu nutzen, neue Züchtungen schließlich gar von Tieren und Menschen zu schaffen. Wir – zumal in Europa – tun so, als wären wir die Ratgeber und Polizisten der ganzen Welt: Wir zensieren und nutzen aus, wir stellen uns aufs Podest und lassen vom Tisch unseres Reichtums nur ein paar Brosamen für arme Völker abfallen. Nicht nur zum Guten, sondern eben auch zum Bösen haben wir Fortschritte aus Freiheit erzielt: Zugleich mit der Anerkennung der Menschenrechte ist auch die Folter perfekter geworden; die Methoden der Unterdrückung und Ausbeutung haben sich verfeinert, und unser Jahrhundert das eines der fortschrittlichsten hätte sein können, ist voller Unfreiheit, Mord und Gewalt, das Jahrhundert der Flüchtlinge und Vertriebenen. Langsam dämmert uns die Erkenntnis, daß wir, die wir wie Gott sein wollten, nackt sind, am Rande des Nichts stehen, aus dem wir kommen.

Emanzipation – ja: von den Herren und Herrschaften dieser Welt, von der Macht der Verhältnisse und von uns selbst. Aber in keines anderen Namen als dem Namen Gottes. Er ist der Garant der Freiheit. Wer sich aus seinen Adlerflügeln befreien will, gerät ins Flattern.

Mir gehört die ganze Erde ...

Dieser Vers (19, 5) spricht eine klare Sprache. Das geht an die Grundfesten unseres Daseins und unserer eigenen Existenz. Was vom Menschen zu sagen ist, gilt von der ganzen Welt: Sie ist Gottes Eigentum! Verstehen wir die Welt so? Wissen wir, wem sie gehört?

Zu einem Rabbi kam ein Schüler und fragte ihn, was Glaube sei; der Rabbi führte ihn zum Fenster und sagte: „Was siehst du da?" Der Schüler antwortete: „Menschen, Häuser, Bäume ..." – Der Rabbi führte ihn zu einem Spiegel und fragte ihn: „Was siehst du jetzt?" Der Schüler antwortete: „Jetzt sehe ich mich selbst." „Siehst du", sagte der Rabbi, „wenn du dein Leben läßt, wie es ist, so siehst du hindurch auf die ganze Welt bis zu ihrem Schöpfer; ist dir aber das Glas nicht genug und legst du nur ein bißchen Silber auf, so siehst du nur noch dich."

Nicht wir haben das Haus der Welt gebaut, das ist ein Grundsatz unserer christlichen Ökologie! Es ist ein Haus (oikos), in dem wir uns vorfinden, in das wir hineingeboren worden sind, das wir bewirtschaften und verwalten und für kommende Generationen bewohnbar halten wollen. Das Haus der Welt, in dem wir wohnen, ist das Haus Gottes. Er hat es erbaut, darin zu wohnen und uns Menschen Wohnung zu geben. Es ist seine Weisheit, die es konstruiert hat, seine Logik, die ihm Stabilität verleiht, sein Gesetz, das dem Leben in diesem Haus dient und es schützt.

Weil die Instrumente der modernen Wissenschaft zu stumpf waren, dieses Einwohnen Gottes in der Welt wahrzunehmen, weil wir Gott als dem Subjekt der Welt nicht mehr in ihr zu begegnen wußten, haben wir sie in dieser schrecklichen Weise zum Objekt gemacht: zum Objekt unserer Neugier, unserer Wirtschaftsinteressen, unserer Expansionsgelüste – bis inzwischen die Fundamente ins Wanken geraten. Die sogenannte Umweltkrise ist eine Krise des Menschen in seiner Gottvergessenheit; erst von daher ist sie eine Krise der Umwelt. Er selbst ist nicht mehr in Ordnung, deshalb gerät sie aus den Fugen.

Unser Verhältnis zur Welt wird sich in dem Augenblick ändern, wenn wir angesichts der Grenzen des Wachstums zu begreifen beginnen, daß unsere Erde als Ganze ein Haus ist, dessen Etagen und Lebensbereiche einander zugeordnet sind und nicht aus der Balance geraten dürfen. Im Gegensatz zum expansiven Optimismus früherer Jahre fangen wir mühsam an, zu begreifen, daß das Raumschiff Erde uns alle mit sich in den Untergang reißen wird, wenn wir die Gesetze nicht achten, nach denen es konstruiert ist. Wer die Welt verändern will, indem er sie auf den Kopf stellt, verliert den Boden unter den Füßen. Wer den Himmel stürmen, wer nach den Sternen greifen will, wird bald aus allen Wolken fallen. Es ist ein himmelweiter Unterschied, ob wir wissen, wem wir uns und die Welt verdanken, oder ob wir uns selbst als Herren der Welt oder als Hausbesitzer gebärden. „Legst du nur ein bißchen Silber auf, so siehst du nur noch dich ..." (s. o.). Wer sich als der Herr der Welt versteht, wird sich in Besitzermentalität an Land ziehen, was zu haben ist, koste es, was es wolle. Und wer leer ausgeht? Der hat Pech gehabt. Er bekommt ein Almosen. Demgegenüber sagt der Kirchenvater Ambrosius:

„Du gibst dem Armen gar nichts von dem ab, was dir gehört; du gibst ihm nur von dem, was sein ist. Du hast dir ja angeeignet, was für alle zum Gebrauch aller gegeben wurde. Die Erde gehört allen und nicht allein den Reichen." – Das hat Konsequenzen. Wir haben nicht mit unserem Privatbesitz zu wirtschaften, sondern Gottes Eigentum zu verwalten. Alle sind Teilhaber, von Gottes Gnaden.

„Als Gott, so wird erzählt, seine Schöpfung vorbedachte und sie vor sich auf einen Stein hinritzte, wie ein Baumeister sich den Grundstein zeichnet, sah er, daß die Welt keinen Bestand haben würde. Da schuf er die Umkehr: Nun hatte die Welt Bestand, denn nun war ihr, wenn sie sich von Gott weg in Abgründe der Selbstheit verlief, die Rettung erschlossen, der in eigener Bewegung zu vollziehende Rückschwung gnadenhaft gewährt" (Martin Buber).

Elija: Mein Gott ist Jahwe

Zu 1 Könige 19, 1–13

„[1]Ahab erzählte Isebel alles, was Elija getan, auch daß er alle Propheten mit dem Schwert getötet habe. [2]Sie schickte einen Boten zu Elija und ließ ihm sagen: Die Götter sollen mir dies und das antun, wenn ich morgen um diese Zeit dein Leben nicht dem Leben eines jeden von ihnen gleich mache. [3]Elija geriet in Angst, machte sich auf und ging weg, um sein Leben zu retten. Er kam nach Beerscheba in Juda und ließ dort seinen Diener zurück. [4]Er selbst ging eine Tagesreise weit in die Wüste hinein. Dort setzte er sich unter einen Ginsterstrauch und wünschte sich den Tod. Er sagte: Nun ist es genug, Herr. Nimm mein Leben; denn ich bin nicht besser als meine Väter. [5]Dann legte er sich unter den Ginsterstrauch und schlief ein. Doch ein Engel rührte ihn an und sprach: Steh auf und iß! [6]Als er um sich blickte, sah er neben seinem Kopf Brot, das in glühender Asche gebacken war, und einen Krug mit Wasser. Er aß und trank und legte sich wieder hin. [7]Doch der Engel des Herrn kam zum zweitenmal, rührte ihn an und sprach: Steh auf und iß! Sonst ist der Weg zu weit für dich. [8]Da stand er auf, aß und trank und wanderte, durch diese Speise gestärkt, vierzig Tage und vierzig Nächte bis zum Gottesberg Horeb. [9]Dort ging er in eine Höhle, um darin zu übernachten. Doch das Wort des Herrn erging an ihn: Was willst du hier, Elija? [10]Er sagte: Mit leidenschaftlichem Eifer bin ich für den Herrn, den Gott der Heere, eingetreten, weil die Israeliten deinen Bund verlassen, deine Altäre zerstört und deine Propheten mit dem Schwert getötet haben. Ich allein bin übriggeblieben, und nun trachten sie auch mir nach dem Leben. [11]Der Herr antwortete: Komm heraus, und stell dich auf den Berg vor den Herrn! Da zog der Herr vorüber: Ein starker, heftiger Sturm, der die Berge zerriß und die Felsen zerbrach, ging dem Herrn voraus. Doch der Herr war nicht im Sturm. Nach dem Sturm kam ein Erdbeben. Doch der Herr war nicht im Erdbeben. [12]Nach dem Beben kam ein Feuer. Doch der Herr war nicht im Feuer. Nach

dem Feuer kam ein sanftes, leises Säuseln. [13]Als Elija es hörte, hüllte er sein Gesicht in den Mantel, trat hinaus und stellte sich an den Eingang der Höhle."

In der Kunstausstellung anläßlich des Berliner Katholikentages 1990 stießen die Besucher gleich am Eingang auf ein eigenartiges Werk. Auf dem Parkettboden lagen zwei große Rahmen aus rostfreiem Stahl, der eine kreisrund, der andere quadratisch, sonst nichts. „Ist das alles?", fragten sich viele Besucher und schüttelten den Kopf: „Was hat das für einen Sinn?" – Ein leerer Rahmen, in der Mitte ein gähnendes Loch.

Ist das nicht bei vielen Zeitgenossen mit dem Glauben ähnlich so? Der Rahmen ist noch da, aber im Zentrum herrscht gähnende Leere. Zu bestimmten Festen des Kirchenjahres oder der eigenen Lebensgeschichte ist der christliche/kirchliche Rahmen durchaus gefragt, aber das Leben selbst geht seine eigenen Wege, ohne Orientierung am Glauben. Nichts gegen den Rahmen, aber wenn alles nur Rahmen und der Rahmen alles ist? Zunehmend mehr Menschen machen von ihrem Christsein nur noch einen feierlichen Gebrauch, um nicht ganz aus dem Rahmen zu fallen.

Heute ist viel von der Kirchenkrise die Rede. Die spüren wir auf Schritt und Tritt, nicht nur an den Austritten. Wenn's nur darum ginge! Die Krise, in die das Christentum in unseren Breiten geraten ist, sitzt tiefer: Sie ist nicht nur eine Kirchenkrise, sondern eine „Gotteskrise" (J. B. Metz). Kann Gott in die Krise geraten? Er nicht, aber wir mit ihm, und er mit uns.

Elija ist in vielfacher Hinsicht ein Prophet der Gotteskrise. In der Krise lernt er, wer der wahre Gott ist. Die einzelnen Schritte der Auslegung versuchen, das aufzuzeigen. Nach dem biblischen Zeugnis ist er *der* Prophet, kantig, aufrecht, kein Mitläufer. Das Neue Testament erkennt ihn in Johannes dem Täufer wieder, es versteht ihn als Vorläufer Christi. Schon sein Name sagt alles. Er ist ein Bekenntnis, ein Programm. Elija heißt zu deutsch: Mein Gott ist Jahwe, er allein ist Gott. Das ist Elijas Lebensprogramm. Dafür ist er unerschrocken und leidenschaftlich eingetreten, oft genug allein gegen alle: „Ich allein bin als Prophet des Herrn übriggeblieben" (18,22; 19,10.14).

Jahwe allein

Jahwe allein ist Gott. Dieses Bekenntnis hat Konsequenzen. Elija hat sie den Mächtigen und dem Volk deutlich vor Augen gestellt. Damals fördern die Könige Omri (1 Kön 16,16–28) und vor allem Ahab mit seiner Frau Isebel (1 Kön 16 ff) die Kanaanisierung des Jahweglaubens und den Baalkult. Der überkommene Rahmen bleibt noch, aber im Grunde beherrschen die Götzen der alten Naturreligion das Feld. Und die Gerechtigkeit bleibt auf der Strecke. Gewalttaten sind an der Tagesordnung. Nabot wird Opfer eines hinterhältigen Justizmordes (vgl. 1 Kön 21). Elija erhebt laut und deutlich Einspruch, redet dem König offen heraus ins Gewissen. Kompromißlos steht er zu Jahwe.

Das Volk denkt: Nichts gegen Jahwe, aber warum nur er? Man will es mit ihm nicht verderben; der offizielle Kult läuft weiter, und der staatlich geregelte Opferbetrieb funktioniert reibungslos. Aber, so denken die Leute, andere Götter sind auch nicht zu verachten. Je nachdem nimmt man mal diesen, mal jenen. Wir kennen das: ein bißchen Christentum, ein bißchen fernöstliche Mystik, ein bißchen Anthroposophie. Man stellt sich sein esoterisches Menü selbst zusammen.

Baal steht dabei allemal hoch im Kurs. Er ist ein sehr plausibler Götze, zuständig für die Fruchtbarkeit. Er bürgt für Wohlstand, er garantiert den Lebensstandard. Wer will mit ihm nicht gut Seite halten, zumal wenn er von Staats wegen propagiert wird. Jahwe und Baal, das ist die ideale Kombination, der Kompromiß, mit dem sich am besten leben läßt. – Wir sprechen heute von Fortschritt, Wachstum, Potenz. Was sich mit diesen Begriffen verbindet, ist nicht so unschuldig, wie viele meinen. Wer besitzt, kann sehr schnell von den Dingen besessen werden. Das Wachstum zum Beispiel kann sich ideologisch verselbständigen und allein das Regiment führen. Es kann zu einem Götzen werden, dem alles geopfert wird, auf Teufel komm heraus. Und dann kommt der Teufel auf einmal heraus, zeigt sein wahres Gesicht in der Zerstörung der Umwelt und des Menschen, in der Zersetzung der Solidarität. – Entlarvt die Kirche in unserem Land, wo das Leben an falsche Götter verraten wird? Oder ist sie so viele Kompromisse eingegangen, daß sie am Ende kompromittiert ist? Dirigiert der Glaube das Geld oder das Geld den Glauben? Gott ist nicht nur fürs Innere zuständig. Er läßt sich nicht regionalisieren, es geht ihm ums Ganze. Glauben heißt, ihm das ganze Leben anzuvertrauen. „Du sollst neben mir keine anderen Götter haben" (Ex 20,3).

Der außerbiblisch überlieferte Satz Isebels bringt den Konflikt auf den Punkt: „Bist du Elija, bin ich Isebel; bist du Trau-Gott, bin ich Trau-Baal." Da ist Eindeutigkeit gefragt, kein Sowohl-als-Auch, sondern ein entschiedenes Entweder-Oder. Elija ruft dem Volk zu: „Wie lange noch schwankt ihr nach zwei Seiten? Wenn Jahwe der wahre Gott ist, dann folgt ihm! Wenn aber Baal es ist, dann folgt diesem! Doch das Volk gab ihm keine Antwort" (1 Kön 18,21). Es ist hin- und hergerissen; vielleicht können die Leute nicht einmal mehr zwischen Jahwe und Baal unterscheiden. Soweit ist es gekommen. Elija drängt in die Stunde der Wahrheit: Man kann doch nicht zu allem Ja und Amen sagen! – Das ist uns Christen allemal buchstäblich ins Stammbuch geschrieben. Im Taufbekenntnis geht es um Pro und Kontra, um Ja oder Nein. Wozu stehe ich in guten und in bösen Tagen? Was ist mir im Leben und auch fürs Sterben wichtig? Wer ja sagt zu Gott, muß nein sagen zu allen Vergötzungen. Unterscheidung tut not und Entschiedenheit. Nur wenn ich weiß, wo ich stehe, kann ich auch widerstehen und widersagen, Widerstand leisten. Dazu brauche ich einen Standpunkt.

„Woran Gott stirbt", heißt eine sehr nachdenkliche Rede des Schriftstellers Martin Walser. Er fragt: „Ob ein Kind, das in einer Familie ohne Gott aufwächst, noch erschrickt, wenn es fünfzehn oder neunzehn wird und selber erlebt, daß Gott fehlt? Oder vermißt so jemand überhaupt nichts?" – Ich glaub nix, mir fehlt nix! „Der die Welt beschimpfende Daumenlutscher ist unser Muster. Dem Daumenlutscher stirbt kein Gott. Er ist sein eigener Gott." Er genügt sich selbst. Und weiter: Ist uns schon der Schrecken durch die Glieder gefahren, wenn wir „zahnwehhaft scharf spüren, daß Gott fehlt"? Ist Gott nicht auch im Bewußtsein und in der Praxis der Kirche an den Rand geraten? Er wird „in den Laboratorien der Theologie zerbröselt", sagt Walser, „gewartet", wie eine Maschine. Wo wird er leidenschaftlich gesucht?

Wir reden uns ständig die Köpfe heiß, aber das Herz bleibt kalt. Wir leugnen Gott nicht, aber wir rechnen auch nicht ernsthaft mit ihm. Unser Gott ist weder zum Fürchten noch zum Verlieben. Fängt jemand damit an, wird er schnell in die fundamentalistische oder charismatische Ecke gestellt, er gilt als altmodisch und verschroben. So reden und erklären wir alles mögliche, aber es kommt kaum noch durch, was wir der Welt schuldig sind: das uneingeschränkte Bekenntnis zu Gott.

Das ist wie beim Magnet: Die Eisenspäne sind auf den Magnetkern ausgerichtet. Gott ist der Magnet der Kirche. Er ist anziehend. Das sind doch nicht wir. Das ist nicht die Kirche mit ihren Strukturen. Eine Kirche, in der dieser Magnet nicht mehr zu spüren ist, erübrigt sich. Merkt man ihn in unserem Leben? Was ist uns heilig? Vor wem gehen wir in die Knie? Haben Sie sich schon einmal ernstlich gefragt: Was will Gott von mir? Spielt diese Frage in unseren Gruppen und Verbänden eine Rolle, im Pfarrgemeinderat? Unser Grundproblem auch in der Kirche ist die Gotteskrise. Sie ist der Grund der Kirchenkrise.

Am toten Punkt

Wer ist Jahwe, der wahre Gott? Wie zeigt er sich? Wie ist er zu sehen? Elija hat gedacht, diese Frage sei für ihn erledigt, er habe sie bereits hinter sich. Aber sie steht vor ihm, sie ist ihm neu aufgegeben. Er muß Gott neu lernen, den Namen Jahwe durchbuchstabieren in den Tiefen seines Lebens. Auf dem Höhepunkt des Triumphes über die Baalsfunktionäre meint er, er könne der Verherrlichung Gottes dadurch am besten dienen, daß er sie mit Stumpf und Stiel ausrottet. Er ruft dem Volk zu: „Ergreift die Propheten des Baal! Keiner von ihnen soll entkommen. Man ergriff sie, und Elija ließ sie zum Bach Kischon hinabführen und dort töten" (1 Kön 18, 40). Das Gottesurteil zu seinen Gunsten genügt ihm nicht, er inszeniert selbst das Gottesgericht über sie. Das Feuer vom Himmel hatte die Baalspropheten verschont, Elijas blinder Eifer nicht. Kommt er von Gott?

Es kommt, wie es kommen muß. Die Untat gebiert neuen Haß, das Böse eskaliert. Elija gerät in den Teufelskreis der Vergeltung: Wie du mir, so ich dir! Die Rache schlägt gegen den Rächer selbst zurück. „Ahab erzählte Isebel alles, was Elija getan, auch daß er alle Propheten mit dem Schwert getötet habe. Sie schickte einen Boten zu Elija und ließ ihm sagen: Die Götter sollen mir dies und das antun, wenn ich morgen um diese Zeit dein Leben nicht dem Leben eines jeden von ihnen gleichmache" (1 Kön 19, 1 f). Ein langer Weg ist nötig, um aus diesen Verstrickungen herauszukommen.

Elija versteht die Welt und vor allem Gott nicht mehr. Er hat doch das Beste gewollt und sein Bestes gegeben. Zeit seines Lebens hatte er sich ganz für Jahwe eingesetzt und den fremden Göttern den Kampf angesagt. Zeit seines Lebens hatte er sich mit den Mächtigen herumgeschlagen und mit dem lavierenden Volk. Er hatte ins Gewissen geredet und geworben, immer von neuem. Und der Erfolg ist gleich null. Israel ändert sich nicht, und die baalsbesessene Isebel hat alle Macht in den Händen und will ihn aus dem Weg räumen. Ich bin der letzte, der zu Jahwe steht, sagt er sich; es hat keinen Sinn mehr, gegen die Übermacht des Heidentums anzugehen. Ich habe das äußerste versucht, alles umsonst. Kümmert Gott das alles nicht? Warum greift er nicht ein? „Nun ist es genug, Herr. Nimm mein Leben; denn ich bin nicht besser als meine Väter" (4). Mit anderen Worten: Mir reicht's! Oder besser: Ich hab's satt! Elija ist bitter, lebensmüde, mehr noch: gottes-müde!

Sind uns solche Erfahrungen fremd? Sicher, die Bedrohung geht uns in unseren Breiten nicht unmittelbar an den Kragen, aber lebens- und glaubensgefährlich ist die Anfechtung doch. Man kann leicht sagen: „Erfolg ist keiner der Namen Gottes" (M. Buber). Man kann es theologisch und aszetisch gut begründen. Aber dann bleibt doch ein Rest, den wir nicht verdrängen, sondern uns eingestehen sollten: Wir dienen einer guten Sache und arbeiten nicht für die eigene Tasche. Wir möchten, daß Gott Raum gewinnt, und scheinbar ist das Gegenteil der Fall. Wir geben unser Bestes, und es ist, als wenn es sich irgendwo verläuft. Da brechen Fragen auf, bohren ganz tief in uns: Ist Gott wirklich mit uns? Hat er uns im Stich gelassen? Warum ändert er nicht, was uns resignieren läßt und zum Verzweifeln bringt? Lohnt es sich überhaupt, mit Gott zu rechnen? Ob man sich nicht etwas vormacht, wenn man ihm vertraut? Warum reiben wir uns auf in einem Dienst, der doch nichts bringt?

Elija ist am Ende, am toten Punkt. Wer je dahin gekommen ist, weiß, was das heißt: Zusammenbruch, Scheitern, am Boden. Und das nicht nur als Lebenserfahrung, sondern ausdrücklich als Glaubenserfahrung. Elija will Schluß machen mit Gott und der Welt und mit seinem Leben: Nur weg von all den nervenden Auseinandersetzungen, weit weg! Ja nichts mehr davon sehen, ja nichts mehr davon hören. Er sieht nur noch Wüste. Dort will er ganz allein sein – selbst den Diener läßt er zurück (vgl. 3). Er setzt sich unter einen Ginsterstrauch (wie Jona) „und wünschte sich den Tod" (4). Er schläft ein und möchte am liebsten nie wieder aufwachen. Was bleibt einem Propheten denn auch, wenn er in Gott keinen festen Halt mehr findet? Andere Menschen klammern sich dann noch an allerlei andere Dinge. Ein Prophet, der alles dransetzt, falsche Sicherungen zu zerschlagen, der alles auf eine Karte setzt, dessen Leben Gott ist, der kann ohne Gott nicht sein, seine Existenz wird sinnlos (vgl. Num 11,15; Jer 20,7–18; Jon 4,3). Die außerordentliche Anfechtung entspricht der besonderen Glaubensexistenz. – In dieser Trostlosigkeit ist noch ein letzter Trost: Die Klage des Elija ist wie die Klage eines Kindes in den Armen der Mutter. Elija macht nicht selbst gewaltsam Schluß mit seinem Leben. Er sagt: „Herr, nimm mein Leben ..." (4).

Der Engel

Man kann Gott nicht davonlaufen; man kann ihm nicht entkommen. Und wenn man sich auch noch so weit weg von ihm wähnt, er ist nahe:

> *„Wohin könnte ich fliehen vor deinem Geist,*
> *wohin mich vor deinem Angesicht flüchten?*
> *Steige ich hinauf in den Himmel, so bist du dort;*
> *bette ich mich in der Unterwelt, bist du zugegen.*
> *Nehme ich die Flügel des Morgenrotes*
> *und lasse mich nieder am äußersten Meer,*
> *auch dort wird deine Hand mich ergreifen*
> *und deine Rechte mich fassen" (Ps 139, 7–10).*

Wer so am Boden liegt wie Elija, kommt nicht allein wieder auf die Beine. „Doch ein Engel rührte ihn an und sprach: Steh auf und iß!" (5). Wo alles trostlos ist, erfährt Elija Trost. Der Engel rührt ihn an, spricht ihn an, ohne besondere Umstände, erst recht ohne jeden Vorwurf, einfach so. Er ist nicht mehr allein, durch den Boten Gottes kommt er wieder zu sich. Und dort, wo nichts zu holen ist, mitten in der Wüste, stehen Brot und Wasser bereit. Keine Delikatessen, auch keine geistlichen Delikatessen, sondern das, was unbedingt zum Leben nötig ist, was Leib und Seele zusammenhält.

‚Mensch, du bist ein Engel!' Das können wir füreinander sein. Gott möchte uns als seine Boten gewinnen, damit wir einander in Krisen, in Situationen der Lebens- und Gottesmüdigkeit das geben, was wir zum Leben brauchen, ganz unauffällig, jedenfalls nicht spirituell überzogen, eher hausbacken: „Brot, das in glühender Asche gebacken war, und einen Krug mit Wasser" (6). Das gibt Kraft und weckt die Lebensgeister. Gott teilt sich mit in dem, was Menschen füreinander tun, ganz irdisch, leibhaftig und alltäglich. So nötig wie Brot und Wasser brauchen wir jemanden, der uns anrührt und das erlösende Wort sagt. Und das nicht nur einmal. Denn Elija fällt in den Schlaf zurück, so groß ist seine Niedergeschlagenheit. „Doch der Engel des Herrn kam zum zweitenmal, rührte ihn an und sprach: Steh auf und iß!" (7). Das ist wirklich ein Engel, der in solchen Krisen, in denen alles wie Blei in den Gliedern liegt und zentnerschwer nach unten drückt, zum wiederholten Mal kommt und zum Aufstehen und Essen lockt, zu neuer Hoffnung. Denn noch ist der weite Wüstenweg nicht zu Ende, noch ist das ganze Ausmaß der Wüstenzeit nicht durchschritten, „vierzig Tage und vierzig Nächte" (8). Nicht nur die Tage werden genannt, sondern ausdrücklich auch die Nächte, die vierzig langen Wüstennächte, die ahnen lassen, welche Tiefen in den Nachtwanderungen zu durchmessen sind. Das geht nicht ohne einen Engel und seine handfeste Stärkung: „Sonst ist der Weg zu weit für dich" (7).

Der Gott, an den wir glauben

Elija hatte den Sieg über die Propheten des Baals bis zur Neige ausgekostet und sich dabei ganz eins gefühlt mit Gott. Vom Zenit seines Triumphes stürzt er in den Abgrund der Verlassenheit und Verzweiflung. Hatte er sich zu viel zugetraut oder gar angemaßt? Hatte er sich sein eigenes Bild von Gott gemacht? Hatte er von einem Gott geträumt, der seine Macht greifbar demonstriert und mit dem man auftrumpfen kann? Gott ist nicht zu haben. Er läßt sich nicht vorzeigen und schon gar nicht vorführen. Er zeigt sich auf seine Art, allemal in völliger Freiheit. Tief in der Wüste, nach vierzig Tagen Wüstenwanderung, kommt Elija Gott neu auf die Spur, und zwar am Horeb/Sinai, dem Gottesberg. Noch ist das Tief nicht überwunden, in das er abgestürzt ist. Zeichen seiner Müdigkeit sind unverkennbar: der Rückzug in die Höhle, der Schlaf (vgl. 9) und der wiederholte Versuch, sich zu rechtfertigen: „Mit leidenschaftlichem Eifer bin ich für den Herrn, den Gott der Heere, eingetreten, weil die Israeliten deinen Bund verlassen, deine Altäre zerstört und deine Propheten mit dem Schwert getötet haben. Ich allein bin übriggeblieben, und nun trachten sie auch mir nach dem Leben" (10.14).

Wird die heimliche Sehnsucht des Propheten nun endlich erfüllt? Zeigt Gott, was er kann? Er offenbart sich von einer ganz anderen Seite. Er kommt nicht mit Pauken und Trompeten. Er schlägt nicht gewaltsam mit dem Schwert drein, um zu ändern, was Elija resignieren und verzweifeln läßt. Er ruft ihn zunächst aus der Höhle heraus, in die er sich verkrochen hat: „Komm heraus, und stell dich auf den Berg vor den Herrn!" (11). Und nun bekommt der Prophet alle gängigen Szenarien einer machtvollen Theophanie vorgeführt: Gewittersturm – Erdbeben – feuriger Vulkan. Wie im Refrain heißt es dreimal lapidar: „Doch der Herr war nicht da" (vgl. 11 f), nicht in den gewaltigen Ausbrüchen der Natur.

Also ist auch Gott nicht mehr der alte? Wie zeigt er sich denn? „Nach dem Feuer kam ein sanftes, leises Säuseln" (13). Die Einheitsübersetzung ist wie viele andere Übersetzungen an dieser entscheidenden Stelle sehr ungenau. Es wird kein weiteres Naturphänomen von sanfterer Art beschrieben, sondern paradox zum

Ausdruck gebracht, was im Grunde gar nicht zu fassen ist: „eine Stimme zarter Stille“ oder „eine Stimme lautloser Stille“. M. Buber übersetzt: „Stimme verschwebenden Schweigens“. Mancher mag an die „Schweigesprache“ P. Celans denken. Elija erfährt die Gegenwart Gottes nicht erschlagend oder überwältigend, sondern eher wie ein beredtes Schweigen, kaum wahrnehmbar, leicht überhörbar. Gott ist ihm im scheinbar Unscheinbaren nahe. Es heißt denn auch nicht, wie man nach dem dreimaligen „Der Herr war nicht da“ im Duktus der Erzählung erwarten könnte: „Der Herr war da“. Seine Präsenz wird indirekt in der Reaktion des Propheten mitgeteilt: „Als Elija es hörte, hüllte er sein Gesicht in den Mantel, trat hinaus und stellte sich an den Eingang der Höhle“ (13).

Elija erfährt Gott ganz anders als erwartet, unscheinbar nahe. Er ist einfach da, nicht mit Feuer und Schwefel, sondern wie Liebe und Treue in den entscheidenden Situationen einfach da sind, unwahrscheinlich stärkend und ermutigend zum Leben. Ist Gott in dieser Weise seiner Präsenz nicht weit unter seinem Niveau? Wo bleibt seine Allmacht? Er offenbart sich im Laufe der Geschichte nicht durch ständige Machterweiterung, sondern durch wachsenden Machtverzicht. Gott ist nicht allmächtig, weil er vordergründig alles kann, was er will, sondern weil er auch noch die Macht der Vergeltung durch die Macht der Liebe verwandeln kann, weil er auch denen zugewandt bleibt, die es nicht mehr erwarten. Solche verwandelnde Liebe ist die größere Macht, weil sie neue Energien freisetzt, neue Wege aufstößt, eine neue Schöpfung entstehen läßt. Gerade das ist die Herausforderung unserer gegenwärtigen Glaubenssituation. Wir haben einen Weg zu gehen, der nicht auf äußere Machtmittel setzt, der nicht auf gesellschaftliche Abstützung für die Kirche baut und der auch auf sublime Zwangsmittel im Gewissensbereich verzichtet. Wirkliche Seelsorge möchte dazu befähigen, daß Menschen in Freiheit Gott die Antwort ihres Lebens geben – wie denn sonst? Sie wird gerade denen nahe sein, die an einem toten Punkt angekommen sind.

Der „Hinreise" (so D. Sölle) in die Wüste bis zum Horeb folgt die „Rückreise" nach Damaskus. Elija kehrt um, anders, als er gekommen ist. Gott schickt ihn auf den Weg mit neuen (auch politischen) Aufträgen. Er kehrt um zum Leben, den langen Weg durch die Wüste zurück. Er geht in seine alte Welt zurück, aus der er floh. Er tut es aus einer neuen Erfahrung: Gott wirkt nicht mit Gewalt, sondern als „Stimme lautloser Stille".

Seht, das ist mein Knecht

Zu Jesaja 42, 1–8

„[1]Seht, das ist mein Knecht, den ich stütze;
das ist mein Erwählter, an ihm finde ich Gefallen.
Ich habe meinen Geist auf ihn gelegt,
er bringt den Völkern das Recht.
[2]Er schreit nicht und lärmt nicht,
und läßt seine Stimme nicht auf der Straße erschallen.
[3]Das geknickte Rohr zerbricht er nicht,
und den glimmenden Docht löscht er nicht aus;
ja, er bringt wirklich das Recht.
[4]Er wird nicht müde und bricht nicht zusammen,
bis er auf der Erde das Recht begründet hat.
Auf sein Gesetz warten die Inseln.
[5]So spricht Gott, der Herr,
der den Himmel erschaffen und ausgespannt hat,
der die Erde gemacht hat und alles, was auf ihr wächst,
der den Menschen auf der Erde den Atem verleiht
und allen, die auf ihr leben, den Geist:
[6]Ich, der Herr, habe dich aus Gerechtigkeit gerufen,
ich fasse dich an der Hand.
Ich habe dich geschaffen und dazu bestimmt,
der Bund für mein Volk
und das Licht für die Völker zu sein:
[7]blinde Augen zu öffnen,
Gefangene aus dem Kerker zu holen
und alle, die im Dunkel sitzen,
aus ihrer Haft zu befreien.
[8]Ich bin Jahwe, das ist mein Name;
ich überlasse die Ehre, die mir gebührt, keinem andern,
meinen Ruhm nicht den Götzen."

„Seht, welch ein Mensch." So lautet das Leitwort des Kirchentages, das in diesen Tagen oft genannt und ausgelegt worden ist. Und hier jetzt: „Seht, das ist mein

Knecht ..." (1). Beide Aussagen sind nicht weit voneinander entfernt. Sicher: Mensch und Knecht, das ist ein großer Unterschied. Aber es gibt geknechtete Menschen. Und eben damit hat es der Gottesknecht zu tun. Er gehört zu ihnen. Darum kann man das Wort Knecht nicht ohne weiteres durch ein anderes ersetzen; „Beauftragter", „Bevollmächtigter" oder „Vertrauter" sagen nicht das aus, was hier gemeint ist.

Der Gottesknecht

Gottesknecht – das ist für uns ein Fremdwort. Wir kennen allenfalls noch den Knecht Ruprecht. Ansonsten ist „Knecht" aus unserer Sprache verschwunden. Wer will schon noch Knecht sein? Knechtschaft – da wollen wir ja gerade heraus! Fragt sich nur: wie? Wenn wir herauswollen, dürfen wir uns nichts vormachen darüber, wie tief wir drinsitzen.

Israel hat sehr tief dringesessen, in der Knechtschaft in Babylon. Es hat die Heimat verloren (das Land), die Stadt Jerusalem mit dem Tempel, das Königtum und seine Geschichte. Seine nationale und religiöse Identität ist in Frage gestellt. Es erlebt, wie die Menschen in der neuen Umgebung hinter ganz anderen Göttern herlaufen. Die Babylonier haben mächtige Prozessionsstraßen gebaut, mit trag- und fahrbaren Götterbildern und Fruchtbarkeitssymbolen. Sie können mit ihren Göttern (Marduk und Ischtar) einen Staat machen: übermenschliche Potenzen, die naturwüchsige Vitalität und Überlegenheit demonstrieren. Zeigt sich darin nicht auch die uralte religiöse Legitimation von Macht und Gewalt, mit Lärm und Spektakel auf der Straße gefeiert? Wie müssen sich die geschlagenen Israeliten bei den in Babylon inszenierten Prozessionen klein und verloren vorgekommen sein. Ihr Gott ist nicht zum Vorzeigen, er ist kein Demonstrationsobjekt auf der Straße. So leben sie in jeder Hinsicht im Exil. Sie wissen, was Resignation und Mutlosigkeit heißt.

In dieser Situation ergeht die Verheißung des Gottesknechtes: „Seht, das ist mein Knecht ..." Das Wort „Knecht" zieht gleich zu Beginn des Textes alle Aufmerksamkeit auf sich. In Erinnerung an den Anfang des Gottesvolkes (als es noch keine Könige, aber charismatische Führer hatte) erwartet Israel für seine Neuordnung eine prophetische Gestalt. Gerade nicht die Könige und die bezahlten, korrumpierten Hofpropheten sind die Garanten des Jahweglaubens gewesen, sondern jene, die in der prophetischen Tradition gestanden haben.

Berufung. – Der Knecht ist zugleich „Erwählter" (1). Er wird in die Nähe Jahwes gerückt. Vor der Entscheidung des Gottesknechtes für Jahwe steht Jahwes Entscheidung für ihn. „An ihm finde ich Gefallen" (1). Der Knecht gehört ganz zum Herrn, er ist „sein Mann". Er ist kein strahlender Held, kein Eroberer. „Der Held trägt eine Rüstung, der Heilige ist nackt" (Simone Weil).

Er ist nicht nur Gottes Eigentum, für ihn ausgesondert und von ihm mit Beschlag belegt, sondern von Gott selbst befähigt, mit seinem Geist ausgerüstet: „Ich habe meinen Geist auf ihn gelegt" (1). So wird er Gottes Werkzeug zur Rettung der Menschen. Seine Bedeutung läßt sich daran ermessen, daß sein Auftrag sich auf die gesamte Menschheit erstreckt, auf die „Erde" (4), auf die „Völker" (6).

Der Knecht verdankt seine Existenz nicht eigener Leistung, sondern der schöpferischen Initiative Jahwes. „Ich, der Herr, habe dich aus Gerechtigkeit gerufen" (6). Durch Jahwe ist er angesprochen und auf die Beine gestellt. Er nimmt ihn an der Hand: „Ich fasse dich an der

Hand" (6). Jahwe steht zu ihm, er ist an seiner Seite, er steht ihm bei. „Ich habe dich geschaffen und dazu bestimmt, der Bund für mein Volk und das Licht für die Völker zu sein ..." (6).

Sendung. – Der Gottesknecht ist dazu gesandt, das Recht zu bringen. Dreimal wird das betont. Recht ist verstanden als die Lebensordnung der Gottesherrschaft, als Heilsordnung Jahwes für die erlöste Menschheit.

Wie der Knecht seinen Auftrag erfüllt, ist mit Hilfe von sieben Verneinungen beschrieben. Sie markieren den Kontrast zum Stil der „Großen" in Israels Geschichte und in Babylon: So nicht!

Der Gottesknecht „schreit nicht und lärmt nicht" (2). Er kommt nicht mit Riesenstiefeln daher, noch mit der Übermacht des Schreckens. Er tönt nicht großspurig und marktschreierisch auf der Straße. Er bedarf keiner Propagandawagen, keines aufwendigen Spektakels, er ist nicht auf Selbstdarstellung aus. Wie beiläufig, eher indirekt wird statt dessen angedeutet: Er ist bei denen, für die er eintritt. Im Mitleiden bringt er Gottes Recht für den Menschen zur Geltung. Er verharrt nicht in verbalem Protest oder in einer herablassenden Helferrolle; er schafft dadurch Recht, daß er Leben und Geschick der Schwachen und Ohnmächtigen teilt.

Sein Tun widerspricht dem harten Gesetz der Welt, wonach das Zerbrochene und Verlöschende sterben muß. Statt Recht des Stärkeren – Recht des Schwachen. Gegenüber dem Kult der Stärke, der alles Schwache und Behinderte, Gebrechliche und Kranke am liebsten als Ballast wegwirft, ein Ja zum Leben auch der Schwachen und Gefährdeten. Nicht der Wille des Mächtigen definiert, was als Recht zu gelten hat. Gott liegt daran, daß auch der Schwache zu seinem Recht kommt. Wo das Recht des Stärkeren regiert, da werden die Menschenrechte mit Füßen getreten. Der Mensch, ja Gott selbst kommt dort zu seinem Recht, wo Schwache leben können. Die Geltung der Menschenrechte erweist sich praktisch am Recht derer, die unten sind. – Das ist uns gesagt, die wir in einer Gesellschaft leben, die Jugendlichkeit, Potenz und Stärke vergöttert und für gebrechliche Menschen kaum noch Platz läßt, in der sich die Meinung ausbreitet, behinderte Kinder dürften gar nicht mehr zur Welt kommen. Gott ist gerade nicht nur bei den Starken und Gesunden zu suchen.

Von seinem Knecht heißt es: „Das geknickte Rohr zerbricht er nicht, und den glimmenden Docht löscht er nicht aus" (3). Was damit gemeint ist, wird klar, wenn man die negative Formulierung des Satzes zur positiven Seite hin ergänzt. Dann füllt der Gottesknecht die erlöschende Lampe wieder auf, damit sie leuchtet. Und das beschädigte Rohr richtet er wieder auf. Das ist denen gesagt, die im Exil sind und denken: Uns ist doch nicht mehr zu helfen, wir gehen vollends zugrunde.

Ganz unten fängt er an. Er erbarmt sich über die Geknickten, über die, die einen Knacks bekommen haben. Er steht denen bei, die auf der Schattenseite des Lebens verkümmern, bei denen es finster aussieht. Er sagt nicht: Stoße, was fallen will!, sondern: Richte das geknickte Rohr wieder auf! Gott tut es auch. *Er* sieht uns immer noch mit anderen Augen, mit einem Herzen, das zurechtbringt, zusammenführt, wieder aufrichtet.

Vielleicht denken Sie: Mein Leben ist nur noch wie ein Ton, der langsam verklingt. Es liegt kein Glanz mehr drüber. Nichts strahlt mehr, es springt kein Funke mehr über. Er wird den glimmenden Docht nicht auslöschen. Wir sind im Auslöschen groß: einen Menschen auslöschen, das Bild von ihm in unserer Erinnerung auslöschen. Gott denkt und handelt anders, durch seinen

Knecht. Der ist „das Licht für die Völker", er wird „blinde Augen öffnen" (6 f). Er ist ein „Lichtblick". Mit ihm geht uns ein Licht auf. Er holt die ans Licht, die im Dunkeln sitzen (7). Er holt die Gefangenen aus ihrem Kerker, damit sie in Freiheit leben können. Die Grundlage der Freiheit ist der Bund, ein Liebesbund: freien.

Wer ist der Gottesknecht? Darüber ist viel nachgedacht und geschrieben worden. Mal sieht man im Gottesknecht eine Einzelgestalt (den Propheten), mal die Verkörperung des ganzen Volkes Israel. Für und gegen jede dieser Deutungen gibt es gute Argumente. Doch wird man sehr wohl danach fragen müssen, welches Licht von Jesaja 42 her auf den Menschensohn Jesus Christus fällt. Er ist *der* Knecht Gottes. Er ist der „heruntergekommene" Gott. Transzendenz nach unten.

Gottes Kreatur

Die Gottesrede (5) beginnt mit einer hymnischen Erinnerung an die Schöpfung:

„So spricht Gott, der Herr, der den Menschen auf der Erde den Atem verleiht und allen, die auf ihr leben, den Geist" (5).

Eigenartig, am Anfang unseres Daseins steht das Empfangen, nicht die eigene Tat. Das Leben ist uns vorgegeben, es ist uns geschenkt. Vielleicht meint jemand: Ich bin ja gar nicht gefragt worden! Allerdings nicht. Wir sind uns selbst vorgegeben. Unser Dasein ist nicht in unsere Entscheidung gestellt. Wir sind nicht Schöpfer unserer selbst, so gern wir es oft auch sein möchten. Wir haben uns nicht selbst gemacht, wir sind empfangen.

Oft sagen wir: „Das Leben ist hart. Du mußt es dir teuer erkaufen. Es wird dir nichts geschenkt." Stimmt das? Was können wir schon erkaufen? Sicher, das Leben ist auch unsere Tat, es ist Werk, Lebenswerk. Es ist Planung, Arbeit. Aber das ist nicht alles. Nicht einmal das Wichtigste. Den Kern des Lebens erreichen wir damit nicht. Wir erreichen die Lebensumstände, die Verhältnisse, die Lebensmittel. Das Leben selbst ist mehr Gabe als Werk, mehr Geschenk als Tat. Es ist weit mehr zu empfangen, als zu machen. Das hat seinen Grund. Gott ist der Grund des Lebens. Er gibt den Menschen den Atem.

Es gibt eine grundsätzlich andere Lebenseinstellung. Da heißt es: Leben, das ist meine Sache. Wenn ich schon zu Anfang nicht gefragt bin, ob ich sein möchte – jetzt jedenfalls ist das Leben allein meine Sache. Ich allein verfüge darüber. So produziert man sich schließlich selbst. Was dabei herauskommt, weiß jeder. Wir sagen das oft: ‚Der produziert sich selbst.' Das ist eine unheimliche Sache. Der Mensch wird eine Karikatur seiner selbst – zum Lachen, wenn's nicht zum Weinen wäre. Sich selbst produzieren, das bedeutet: sich selbst schaffen, sich selbst machen wollen, selbstherrlich, eigenmächtig, autonom. Dann treten die sogenannten Macher auf den Plan, die sich selbst als Herren über Leben und Tod aufspielen.

Das zeigt sich z. B. bei der Manipulation im Reagenzglas. Das setzt sich fort, wenn Menschen meinen, über das ungeborene Kind selbst verfügen zu können; wenn sie meinen, sie könnten am Ende anderen oder sich selbst buchstäblich das Leben nehmen, Zyankali verabreichen. Dann kann man schließlich auch mit dem Leben in der Umwelt machen, was man will. Die Schöpfung wird Material zur eigenen Lebenssteigerung, man plündert sie aus nach Strich und Faden. Und was hindert uns, daß wir der ausgeplünderten Erde am Ende schließlich auch „Zyankali" verabreichen? Die Mittel dazu haben wir ja. Viele sind heute sorgfältig darauf bedacht, die Umwelt zu schützen und vor Verschmutzung zu bewahren. Gott sei Dank! Aber es geht nicht nur um unsere Felder und Wälder, es geht vielmehr noch darum, daß wir in den Grundfragen unserer Existenz für eine klare Atmosphäre eintreten. Sonst kurieren wir nur an Symptomen.

Es stimmt von Grund auf etwas nicht, wenn der Mensch nicht mehr weiß, wo sein Ursprung ist und wem er sich verdankt. Dann versteht er auf einmal die Welt nicht mehr. Und er versteht schließlich sich selbst nicht mehr, weil er Ursprung und Ziel seines Lebens aus den Augen verloren hat.

Die Einzigkeit Gottes

„Ich bin Jahwe, das ist mein Name;
ich überlasse die Ehre, die mir gebührt, keinem anderen,
meinen Ruhm nicht den Götzen" (8).

„Gott" ist heute für viele ein Fremdwort geworden, vielleicht ganz in Vergessenheit geraten oder einfach kein Thema mehr. In der Öffentlichkeit wird er allenfalls noch bei feierlichen Anlässen erwähnt. Im übrigen ist er tabu. Unsere Welt wird wie selbstverständlich ohne Gott, gott-los geplant und gestaltet. Der Gott-losigkeit entspricht die Heiden-Angst. – Wie im Wechselspiel gibt es neue religiöse Bemühungen. Sie reden oft sehr schillernd und diffus von irgendeinem Göttlichen, ohne Gesicht und Profil (New-Age). Beide sind für Christen eine Herausforderung: die Gott verschweigen oder verdrängen und die ihn namenlos machen.

Ist Gott nicht auch im Bewußtsein und in der Praxis der Kirche an den Rand geraten? Wir sprechen vom Schutz der Umwelt und des Lebens, vom Dienst am anderen und am Frieden, von einzelnen Aussagen der kirchlichen Lehre und von der Verwaltung der Sakramente. Das sind zweifellos wichtige Themen. Aber sie können uns so sehr in Anspruch nehmen, daß wir das Ganze dabei aus den Augen verlieren. Dann reden wir schließlich vom Inventar und vergessen das Haus, in dem die Möbel stehen. Oder wir reden über das Haus, als sei dieses selber auch ein Möbelstück. Wir machen Gott zu einem Gegenstand der kirchlichen Inneneinrichtung und vergessen, daß er der ist, „in dem wir leben, uns bewegen und sind" (Apg 17,28).

Eigentlich können wir gar nicht „über" ihn reden. Wir können allenfalls zu ihm rufen, stammelnd von ihm sprechen – unten stehend, so wie man in einer Kirche unter dem Gewölbe steht und nur im Ausschreiten des Kirchenschiffes den Raum selber erfahren kann.

Sie denken vielleicht, die Sache ist doch ganz einfach: „Wir glauben ja alle an einen Gott ..." – An welchen Gott glauben wir? Wen meinen wir, wenn wir „Gott" sagen? Diese Frage liegt auch für uns Christen nicht hinter uns, sie steht vor uns. Sie ist nicht erledigt, sondern aufgegeben. Wir müssen das Wort Gott mit unserem Leben durchbuchstabieren. Es kommt darauf an, daß wir dabei die richtigen Buchstaben wählen und sie richtig zusammensetzen, damit nicht „Götze" erscheint, wo Gott stehen sollte. „Ich überlasse ... meinen Ruhm nicht den Götzen" (8).

Hier ist die Struktur des Taufbekenntnisses aufschlußreich: „Widersagst du dem Satan ...?" – „Glaubst du an Gott ...?" Wer ja sagt, muß auch nein sagen können. Wer sich für Gott entscheidet, widersetzt sich den teuflischen Götzen. Man kann das eine nicht vom anderen trennen. Wir sind gefragt, wofür und wogegen wir sind. Frage sich jeder: Wer oder was ist mir heilig? Vor wem gehe ich in die Knie? Vor welchen Autoritäten und Instanzen beuge ich mich? Vor den Herren und Herrschaften der Welt mit ihren Verlockungen, oder vor Gott? „Worauf du nun ... dein Herz hängest und verlässest, das ist eigentlich dein Gott" (M. Luther, Großer Katechismus).

Ulrich Bach, geboren 1931, erkrankte während des Theologiestudiums 1952 an Kinderlähmung und konnte nur im Rollstuhl sein Studium beenden. Er berichtet diese Begebenheit: „Hans Joachim Ivand hielt ein Schleiermacher-Seminar. Es ging um das Herrsein Gottes. Welche Gedanken im einzelnen entwickelt wurden, weiß ich nicht mehr, nur wurde mir klar: Wenn das stimmt, was Ivand jetzt gesagt hat, dann war meine Klinik-‚Seelsorge' ein ganzes Jahr lang falsch. Ich war so erregt, daß ich nach Ende der Sitzung Ivand auf dem Flur abfing. Er setzte sich zu mir, andere Studenten standen drumherum. Ivand argumentierte: Wenn Sie sagen, uns kann nur eines helfen, nämlich der Glaube an Jesus, dann machen Sie aus Jesus ein Medikament, damit bleibt Gott nicht frei. Meine Argumente weiß ich nicht mehr. Ich weiß nur, daß mir dieses Gespräch wichtig war und daß es schmerzte. Und es war wichtig, daß Ivand wohl hart, aber nicht rechthaberisch redete und daß er Zeit hatte – wir saßen da recht lange auf dem Flur. Je mehr ich Paulus und Luther und Calvin verstand, um so klarer wurde mir, wie nötig für mich Ivands Operation war" (aus: U. Bach, Kraft in leeren Händen, Freiburg 1983, Herder-Bücherei 1023/24).

Wir fragen nicht selten: Was habe ich von Gott? Wofür ist er gut? Nutzt er mir? In solchen Fragen geht es uns nicht um Gott, sondern um uns selbst. Solange wir so fragen, glauben wir eigentlich nicht. Glaube beginnt dort, wo wir von uns selbst absehend nach Gott fragen, wo wir nicht nur nach ihm fragen, sondern uns von ihm fragen lassen: Vor wem gehst du in die Knie? Glaube beginnt dort, wo wir anerkennen, daß Gott ist, und ihn anbeten. Wir werden wohl nur dann den ausgemachten Götzen mit ihren Zwängen und Unmenschlichkeiten entgehen, wenn wir uns auf den Weg zu Gott machen.

Es gibt eine Freiheit, die nur der erfährt, der allein Gott seinen Vater nennt. Sie bricht die Angst vor der Zukunft, weil sie weiß: Er kommt auf uns zu. Die Herren der Welt gehen. Unser Herr kommt.

Am Brunnen

Zu Johannes 4,5–30

„[5]So kam er zu einem Ort in Samarien, der Sychar hieß und nahe bei dem Grundstück lag, das Jakob seinem Sohn Josef vermacht hatte. [6]Dort befand sich der Jakobsbrunnen. Jesus war müde von der Reise und setzte sich daher an den Brunnen; es war um die sechste Stunde.

[7]Da kam eine samaritische Frau, um Wasser zu schöpfen. Jesus sagte zu ihr: Gib mir zu trinken! [8]Seine Jünger waren nämlich in den Ort gegangen, um etwas zum Essen zu kaufen. [9]Die samaritische Frau sagte zu ihm: Wie kannst du als Jude mich, eine Samariterin, um Wasser bitten? Die Juden verkehren nämlich nicht mit den Samaritern. [10]Jesus antwortete ihr: Wenn du wüßtest, worin die Gabe Gottes besteht und wer es ist, der zu dir sagt: Gib mir zu trinken!, dann hättest du ihn gebeten, und er hätte dir lebendiges Wasser gegeben. [11]Sie sagte zu ihm: Herr, du hast kein Schöpfgefäß, und der Brunnen ist tief; woher hast du also das lebendige Wasser? [12]Bist du etwa größer als unser Vater Jakob, der uns den Brunnen gegeben und selbst daraus getrunken hat, wie seine Söhne und seine Herden? [13]Jesus antwortete ihr: Wer von diesem Wasser trinkt, wird wieder Durst bekommen; [14]wer aber von dem Wasser trinkt, das ich ihm geben werde, wird niemals mehr Durst haben; vielmehr wird das Wasser, das ich ihm gebe, in ihm zur sprudelnden Quelle werden, deren Wasser ewiges Leben schenkt. [15]Da sagte die Frau zu ihm: Herr, gib mir dieses Wasser, damit ich keinen Durst mehr habe und nicht mehr hierher kommen muß, um Wasser zu schöpfen. [16]Er sagte zu ihr: Geh, ruf deinen Mann, und komm wieder her! [17]Die Frau antwortete: Ich habe keinen Mann. Jesus sagte zu ihr: Du hast richtig gesagt: Ich habe keinen Mann. [18]Denn fünf Männer hast du gehabt, und der, den du jetzt hast, ist nicht dein Mann. Damit hast du die Wahrheit gesagt.

[19]Die Frau sagte zu ihm: Herr, ich sehe, daß du ein Prophet bist. [20]Unsere Väter haben auf diesem Berg Gott angebetet; ihr

aber sagt, in Jerusalem sei die Stätte, wo man anbeten muß.
[21]Jesus sprach zu ihr: Glaube mir, Frau, die Stunde kommt, zu
der ihr weder auf diesem Berg noch in Jerusalem den Vater an-
beten werdet. [22]Ihr betet an, was ihr nicht kennt, wir beten an,
was wir kennen; denn das Heil kommt von den Juden. [23]Aber
die Stunde kommt, und sie ist schon da, zu der die wahren Be-
ter den Vater anbeten werden im Geist und in der Wahrheit;
denn so will der Vater angebetet werden. [24]Gott ist Geist, und
alle, die ihn anbeten, müssen im Geist und in der Wahrheit
anbeten. [25]Die Frau sagte zu ihm: Ich weiß, daß der Messias
kommt, das ist: der Gesalbte (Christus). Wenn er kommt,
wird er uns alles verkünden. [26]Da sagte Jesus zu ihr: Ich bin es,
ich, der mit dir spricht.
[27]Inzwischen waren seine Jünger zurückgekommen. Sie wun-
derten sich, daß er mit einer Frau sprach, aber keiner sagte:
Was willst du?, oder: Was redest du mit ihr? [28]Da ließ die Frau
ihren Wasserkrug stehen, eilte in den Ort und sagte zu den
Leuten: [29]Kommt her, seht, da ist ein Mann, der mir alles ge-
sagt hat, was ich getan habe: Ist er vielleicht der Messias? [30]Da
liefen sie hinaus aus dem Ort und gingen zu Jesus."

Stille Wasser gründen tief. Brunnen sind stille Wasser. Sie gründen tief. So auch die Brunnengeschichten. Unsere hier setzt mit Jakob ein (5). Jakob, der Stammvater Israels, war ein großer Mann. Er hat einen Brunnen gegraben – Wasser für Israel. Generationen sind zu diesem Brunnen gegangen, auch die Samariter und Samariterinnen. – Jakob war ein großer Mann. Er hat Brunnen gegraben, als er mit dem Engel rang und sich zu Gott durchrang – Brunnen des Glaubens für Israel und die Samariter.

Wir haben heute unsere eigenen Brunnen: Das Wasser kommt aus der Wand; die neuesten Nachrichten, die man sich früher am Brunnen erzählte, aus den Hörfunk- und Fernsehkanälen. Wie tief gehen unsere Brunnen? Viele trinken und spucken es wieder aus, das Wasser aus den Wohlstandsbrunnen ...

Anders in unserer Erzählung hier. Zunächst ist alles ganz alltäglich. Eine Frau geht zum Brunnen. Eigentlich will sie nur Wasser holen. Und dabei kommt sie ins Gespräch, wie das am Brunnen halt so ist. Ein Gespräch am Rande, am Brunnenrand, oben. Man erzählt sich das Neueste aus dem Ort und überhaupt – etwas oberflächlich zumeist, wie beim Einkaufen. Da kann's geschehen, daß das Gespräch auf einmal Tiefe bekommt, vom Rand in die Tiefe geht, von oben nach unten auf den Grund. So hier.

Brunnengeschichten haben es in sich. Es gibt mehrere davon in der Bibel. Abraham wollte für Isaak eine Frau aus seiner Heimat Mesopotamien. Zur Brautwerbung schickt er seinen „ersten Mann" auf die Suche. Der wartet am Brunnen vor der Stadt auf die Frauen, die Wasser holen, und er findet Rebekka (Gen 24, 10–27). An einem Brunnen begegnet Jakob zur Mittagszeit zum ersten Mal Rahel, seiner späteren Frau (Gen 29, 1–14). An diese Szenen werden wir erinnert, wenn Johannes erzählt, daß Jesus in der Mittagshitze erschöpft am Brunnen in Sychar in Samaria ankommt. Während die Jünger zum Einkaufen weitergehen, begegnet er einer Samariterin und bittet sie um Wasser (Joh 4, 7 f). Ungewöhnlich genug, in vielfacher Hinsicht.

Grenzüberschreitungen

Jesus ist unterwegs nach Galiläa. Er hat einen langen Weg hinter sich, auf einer uralten Straße. Sie führt über den Hauptkamm des judäischen und samarischen Gebirges von Hebron im Süden über Jerusalem nach Meggiddo im Norden. Bis heute ist sie die Hauptverkehrsachse der sogenannten West-Bank. Schon die Urväter Israels trieben ihre Herden über diesen Weg. Die Erinnerung an sie ist noch lebendig. Die Bewohner Sychars können stolz auf ein Grundstück zeigen, das Jakob seinem Sohn Josef vermacht hat. Dort ist der Jakobsbrunnen, an dem Jesus sich ausruht (5 f).

Seit Urväters Zeiten ist viel geschehen, eine Art Brunnenvergiftung: „Die Juden verkehren nämlich nicht mit den Samaritern" (9). Das hat seine Gründe. Nach der Eroberung des Nordreiches Israel durch die Assyrer 722 v. Chr. wurde ein großer Teil der Bevölkerung Samarias deportiert. In den verlassenen Städten und Dörfern siedelten die Eroberer assyrische Kolonisten an. Die brachten ihre eigenen Götter und Kulte mit. Und die Israeliten, die noch übriggeblieben waren, vermischten sich mit ihnen. Das haben ihnen die gesetzestreuen Juden nie verziehen. Alle Hilfsangebote der Samariter beim Wiederaufbau des Jerusalemer Tempels nach der babylonischen Gefangenschaft wiesen sie schroff ab. Samariter waren Feinde. Die bauten daraufhin einen eigenen Tempel auf dem Berg Garizim bei Sichem. 107 v. Chr. wurde er durch den Hasmonäerfürst und Hohenpriester Hyrkan zerstört und später nie wieder aufgebaut. Auf den Ruinen feiert der kleine Rest der samaritanischen Gemeinde bis heute nach uralten Riten das Paschafest.

Erbfeindschaft im Heiligen Land, Streit zwischen denen, deren Eltern oder Großeltern noch aus derselben Quelle tranken. Das ist ein altes Thema mit vielen dunklen Variationen bis heute. Tief prägen sich über Generationen genährte Feindschaften in das Bewußtsein der Menschen ein. Stellen Sie sich vor: Ein Israeli begegnet heute einer Palästinenserin am Brunnen und bittet sie um Wasser. Eine Grenzüberschreitung! Die hat Jesus ausdrücklich vorgenommen (er bekennt sich als Jude, 22). Er ist bewußt über die Grenzen gegangen, nach Samaria und auf die Menschen dort zu.

Er hat die Grenze noch in anderer Weise überschritten. Hier spricht nicht nur ein Jude mit einem Samariter, hier bittet ein jüdischer Mann eine samaritische Frau um Wasser. Völlig unverständlich zur damaligen Zeit! Die Frau kann es nicht fassen: „Wie kannst du nur ..." „Wie kannst du als Jude mich, eine Samariterin, um Wasser bitten?" (9). Auch die Jünger kommen da nicht mit (27).

Übrigens: Diese doppelte Grenzüberschreitung ist kein einmaliger Fall. Als Jesus über die Grenze zu den Heiden geht, die für die Juden „gottlose Gegend" um Tyrus und Sidon betritt, ist es wiederum eine Frau, die ihn diesen Schritt tun läßt (vgl. Mt 15,21–28, die Syrophönizierin).

Jesus spricht mit einer ihm fremden, namenlosen, sich „am Rande" bewegenden Frau. Er tut es, als wäre es in seiner Situation das Selbstverständlichste von der Welt. Er bittet sie um Wasser. Und er läßt sich von ihr für das Gespräch die Stichworte geben, greift sie auf, führt sie weiter. Kein „von oben herab", keine Besserwisserei, kein Abkanzeln. Er gibt ihr auch keinen Sonderkurs für Minderbemittelte, hält keine Predigt für einfältige Gemüter. Er mutet ihr das ganze Evangelium zu, und er traut es ihr zu. So ist Jesus. Er zeigt keine Berührungsangst gegenüber den Frauen, ist souverän in seiner Zuwendung. Er geht davon aus, daß Mann und Frau die gleiche Würde und den gleichen Wert besitzen (vgl. Mt 19,3–9). Da haben die Kirchen nach zwei Jahrtausenden noch einiges aufzuholen.

Eine Jesus-Geschichte, dieser unser Schrifttext. Aber auch eine Frauen-Geschichte. Die Frau ist in dieser Begegnung mit Jesus nicht einfach durch irgendeinen x-beliebigen Gesprächspartner zu ersetzen. Mit Nikodemus zum Beispiel (vgl. Joh 3) hätte das Gespräch an diesem Ort so nie geführt werden können. Es lebt davon, daß es mit einer Frau geführt wird. Es lebt von den weiblichen Symbolen: Quelle, Brunnen, Schöpfgefäß. Quelle und Brunnen sind Orte, von denen Leben ausgeht, Orte des Schöpfens und der Schöpfung, Orte, an denen Erschöpfte neu zu Kräften kommen.

Wasser aus der Tiefe

Die Samariterin will eigentlich nur Wasser holen, oben vom Brunnenrand aus. Jesus bietet ihr anderes, von der Quelle her. Darum reden sie zunächst aneinander vorbei (10–15). Jesus spricht die Frau auf Probleme an, die sie nicht begreift, die scheinbar nicht die ihren sind. Sie versteht partout nicht, worauf Jesus hinaus will. Zwischen den Zeilen spürbar schüttelt sie immer wieder den Kopf. Was soll man auch tun, wenn man Antworten erhält, die man gar nicht erfragt hat. Typisch Kirche, werden Sie denken. Vorsicht!

Jesus hatte gebeten: „Gib mir zu trinken!" (7) Und nun wird auf einmal der Spieß umgedreht: „Wenn du wüßtest ..." „Wenn du wüßtest, worin die Gabe Gottes besteht und wer es ist, der zu dir sagt: Gib mir zu trinken!, dann hättest du ihn gebeten, und er hätte dir lebendiges Wasser gegeben" (10). Das stellt alles auf den Kopf. Wer soll da noch mitkommen? Die Samariterin jedenfalls nicht.

Sie ist in ihren Gedanken noch ganz beim Wasser, das in den Brunnen fließt, von einer unterirdischen Quelle am Fuß des Garizim her. Und der Brunnen ist tief, wie will der Fremde da an Wasser kommen, er hat ja nicht mal einen Eimer. So mischt sich in ihre Frage ungläubiges Staunen, Ironie und Erwartung zugleich: „Bist du etwa größer als unser Vater Jakob, der uns den Brunnen gegeben hat?" (12).

Jesus antwortet indirekt, aber eindeutig: „Wer von diesem Wasser trinkt, wird wieder Durst bekommen; wer aber von dem Wasser trinkt, das ich ihm geben werde, wird niemals mehr Durst haben; vielmehr wird das Wasser, das ich ihm gebe, in ihm zur sprudelnden Quelle werden, deren Wasser ewiges Leben schenkt" (13 f).

Das Gespräch am Brunnenrand hat das Alltägliche endgültig durchstoßen. Hebt es ab, in schwindelnde Höhen? Es geht dem Durst auf den Grund. Der ist nicht da erreicht, wo der Mensch seinen täglichen Bedarf an Wasser abdeckt. Denn der Lebensdurst ist unstillbar: „In allem ist etwas zu wenig ..."

Der Lebensdurst und -hunger des Menschen läßt sich nicht mit Lebensmitteln allein abspeisen. Leben ist mehr als Essen und Trinken, und Leben braucht mehr als Essen und Trinken. Es muß im Leben „mehr als alles geben" (M. Sendak). Satt werden genügt nicht. Es kommt darauf an, Erfüllung zu finden. Eine alte Erkenntnis, sehr aktuell in unserem Überfluß an Lebensmitteln bei gleichzeitig ständig steigenden Suchtraten.

Im Jahr 1992 wurden von der Polizei über 14000 Erstkonsumenten harter Drogen wie Heroin, Kokain und Amphetamin festgestellt. 16 % der 12- bis 39jährigen in den alten Bundesländern, das sind 3,7 Millionen Personen, haben Erfahrungen mit illegalen Drogen. Die etablierten Drogen der Erwachsenenwelt greifen immer stärker auf die Jugendlichen über. Fast jeder dritte der jungen Leute zwischen 15 und 25 Jahren raucht, 4 % der Schüler nehmen regelmäßig Mittel gegen Schmerzen, zum Schlafen, zum Beruhigen oder zum Aufputschen. 5 % der Schülerschaft gilt als gefährdet, alkoholabhängig zu werden wie 2,5 Millionen Erwachsene, von denen jedes Jahr ca. 40000 an dieser Droge sterben. Seit 1992 führt Deutschland erstmals die Weltrangliste des Alkohol-pro-Kopf-Konsums (Jahrbuch Sucht 1994).

Wenn Hunger und Durst nach Leben auf diese Weise gestillt werden sollen, hinterlassen sie schließlich ein Heer von Kranken und psychisch ausgebrannten Menschen. Was wird aus dem Leben, wenn die Sehnsucht verlorengeht, wenn sich das Verlangen an das Erstbeste verliert und sich mit dem Nächstliegenden zufriedengibt? Streichen Sie das Sehnen der Sehnsucht durch, der Rest ist Sucht – die Krankheit, in die sich der Mensch verrennt, wenn die Leidenschaft seiner Sehnsucht ihn nicht mehr über sich selbst hinausführt, sondern sich in sich selbst verkehrt. „Die eigentliche Sünde zerstört nicht die Gnade, sondern löscht die Sehnsucht nach ihr", sagt Bernanos. Und Augustinus: „Die Sehnsucht gibt dem Herzen Tiefe."

„Vielmehr wird das Wasser, das ich ihm gebe, in ihm zur sprudelnden Quelle werden, deren Wasser ewiges Leben schenkt" (14). Das Wasser, das Jesus schenken will, macht nicht abhängig, sondern selbständig und frei. Der Mensch soll selber zur Quelle werden, die an andere weitergeben kann, was ihr zufließt. Wie denn?

Ein Freund sagte mir, er habe vor Jahren bei einem Training eine Rückmeldung bekommen, in der er sich verstanden fühlte: „Du kommst mir vor wie ein mächtiger Fels; aber ganz tief drinnen ist eine Quelle. Ob die wohl herauskommt?" Das Bild mag für viele zutreffen. Vielleicht gibt es sogar für jeden Zeiten, in denen er sich wie aus Stein fühlt. Und tief drinnen ist eine Quelle, die mit Macht nach draußen drängt. Aber vielleicht haben wir den Schlüssel zur Brunnenstube in uns verlegt. Und dann kann schließlich nur ein ganz großer Schmerz dem Leben in uns eine Bahn brechen. Die Tränen, die aus solcher Tiefe kommen, sind bei allem Schmerz nicht Zeichen des Todes, sondern des Lebens. Die Tränen sind das Grundwasser der Seele (Tränen aus Trauer und aus Freude). An solche und ähnliche Erfahrungen müssen wir anknüpfen, um dem Rätselwort Jesu auf den Grund zu kommen.

„Wer Durst hat, komme zu mir, und es trinke, wer an mich glaubt. Wie die Schrift sagt: Aus seinem Inneren werden Ströme von lebendigem Wasser fließen. Damit meinte er den Geist, den alle empfangen sollten, die an ihn glauben ..." (7, 37–39). Der Geist ist also nichts Fremdes, uns Überfremdendes, er setzt unser Eigenes frei, hilft ihm zum Durchbruch. Der „Lebensbrunn" des Heiligen Geistes ist nicht irgendwo, sondern in uns. Nicht er ist uns fremd, sondern das, was uns einsperrt, das Aufgesetzte und Übergestülpte, die Rolle, die uns Sicherheit zu geben verspricht, die Maske, die wir tragen, weil wir zu unserem Eigenen kein Vertrauen haben, das alles ist das Fremde und Entfremdende. Dagegen bringt der Geist Gottes unser Eigenes zur Geltung, bringt es unter Schmerzen von innen nach außen, unter Seufzen, wie bei einer schweren Geburt (vgl. Röm 8). Es ist die Mühsal unserer Menschwerdung, unserer zweiten Geburt aus dem Geist (vgl. Joh 3), „aus Gott" (1, 13).

Einfach ist es nicht, da durchzukommen. Es ist in der Tat wie eine neue Geburt, unter vielen Geburtswehen. Was auch immer im Wege stehen kann, ist im Schicksal dieser Frau gebündelt da: Haß und uralte Feindschaft zwischen den Völkern, Vorurteile, Aberglaube und die harte, dunkle Lebensgeschichte: „Fünf Männer hast du gehabt, und der, den du jetzt hast, ist nicht dein Mann. Damit hast du die Wahrheit gesagt" (18).

Dieser Satz wird unterschiedlich interpretiert. In der überkommenen Exegese wird die Frau als haltlos, als Sünderin oder gar als Hure dargestellt. Sie gerät in das

Schema ‚Männergier – Lebensdurst – ewiges Leben'. Die feministische Exegese konzentriert sich demgegenüber auf die therapeutische Bedeutung des Gespräches am Jakobsbrunnen. Jesus bringt Licht in die Geschichte der Frau, freien Raum zum Leben.

Wie immer die Worte im einzelnen zu verstehen sind, eine moralisierende Interpretation greift zu kurz. Die Frau ist in ihrer Lebensgeschichte hin- und hergerissen, abhängig, fremdbestimmt. Jesus möchte sie aus der Verworrenheit ihres Lebens zur Klarheit führen – zu sich selbst. Das ist ein mühsamer Weg, durch all die Vernarbungen hindurch. Dazu braucht man Geduld und einen langen Atem. Im Handumdrehen ist das nicht zu machen. Man muß sich Zeit lassen, um durchzukommen, wie auf den verschlungenen Wegen dieser Brunnengeschichte.

Eine persische Geschichte erzählt von einem Hund. Er hat sich in der Wüste verirrt und ist von großem Durst geplagt. Schließlich findet er Wasser. Er beugt sich über das Wasser, sieht sein Spiegelbild, erschrickt und läuft weg. Der Durst treibt ihn wieder zum Wasser. Wieder beugt er sich vornüber, sieht sein Bild im Wasser, erschrickt und nimmt Reißaus. Die Not treibt ihn wieder zum Wasser. Er beugt sich über den Rand, sieht sein Bild und springt in letzter Not hinein, und er ist gerettet. – Die Frau kann ihr Bild anschauen, sie kann sich annehmen, weil sie angenommen ist, durch Jesus.

Anbetung

Vom Brunnenrand oben in die wohltuende Tiefe des Brunnens, das ist die Bewegung unserer Erzählung. Im Alltag setzt sie ein und geht auf den Grund, sie führt zur Anbetung: „Die Stunde kommt, und sie ist schon da, zu der die wahren Beter den Vater anbeten werden im Geist und in der Wahrheit" (23).

Ist sie wirklich da, die Stunde der wahren Beter? Oder ist sie vorbei? Wer betet wirklich noch? In einem Kreis junger Familien, die als Christen zusammenkommen, sagte jemand: „Als wir heirateten, haben wir gedacht: Wenn Kinder da sind, dann fangen wir an zu beten. Nun sind die Kinder da, und wir schaffen es nicht ..." Ist die Stunde der Beter vorbei?

Damals hat man sich zunächst noch um den Ort der Anbetung gestritten. Ich habe oben schon auf den Konflikt zwischen dem Tempelkult in Jerusalem und der Anbetung der Samariter auf dem Garizim hingewiesen. Die Samariterin spricht ihn an: „Unsere Väter haben auf diesem Berg Gott angebetet, ihr aber sagt, in Jerusalem sei die Stätte, wo man anbeten muß" (20). Jesus geht auf diese Alternative ein, um sie aufzulösen: „Weder auf diesem Berg noch in Jerusalem ..." Für Juden ein provozierendes Wort! (Johannes schreibt freilich sein Evangelium drei Jahrzehnte nach der Zerstörung Jerusalems, und das Heiligtum auf dem Garizim wurde zweihundert Jahre vorher vernichtet.) Wahre Anbetung, sagt Jesus, geschieht „im Geist und in der Wahrheit" (23.24).

Anbeten? Wer der Sache näherkommen will, frage sich: Vor wem gehe ich in die Knie? – Sie kennen das aus der Versuchung Jesu: Der Teufel „führte ihn auf einen sehr hohen Berg; er zeigte ihm alle Reiche der Welt mit ihrer Pracht und sagte zu ihm: Das alles will ich dir geben, wenn du dich vor mir niederwirfst und mich anbetest" (Mt 4, 8 f). – Vor wem oder was gehe ich in die Knie? Vor welchen Autoritäten und Instanzen beuge ich mich? Vor den Herrgöttern in Weiß oder Schwarz, vor Filmdivas oder Literaturpäpsten, Parteibossen oder Wirtschaftsmagnaten? Heute wird vieles „angebetet": Fortschritt, neue Technologien, Macht, Leistung, Stärke/Power... „Worauf du nun dein Herz hängest und verlässest, das ist eigentlich dein Gott" sagt Luther in der Auslegung des ersten Gebotes. Anbetung lebt davon, daß wir anerkennen: Gott ist Gott und der Mensch ist Mensch und nicht Gott, die Geschöpfe sind Geschöpfe und nicht Gott, weder Sonne noch Mond noch die Sterne noch das Weltall überhaupt. Die Anbetung ist der Tiefgang des Glaubens, wir knien, bücken uns, kommen auf den Grund. Verliert man dabei sein Rückgrat? Nur wer ein Rückgrat hat, kann sich bücken. A. Delp sagt: „Brot ist wichtig, die Freiheit ist wichtiger, am wichtigsten aber die ungebrochene Treue und die unverratene Anbetung."

Anbetung „im Geist und in der Wahrheit". *Geist* ist hier nicht etwa nur unser Intellekt, unsere Geistigkeit, Vernunft, etwas Luftiges im Gegensatz zur handfesten Form, zur Institution (etwa eines Kultortes). Geist ist der heiße Atem Gottes, sein Lebensatem (also nicht unser Werk). Ohne ihn wissen wir gar nicht, „worum wir in rechter Weise beten sollen; der Geist selber tritt jedoch für uns ein mit Seufzen, das wir nicht in Worte fassen können" (Röm 8,26). Wo wir uns von ihm leiten lassen, kommen wir zur Anbetung. In ihm rufen wir „Abba, Vater!" (Röm 8,15). Anbetung ist nicht abgehoben, sondern der alltägliche Wurf des Vertrauens auf den Vater. Sie schenkt eine Freiheit, die nur der kennt, der allein vor Gott in die Knie geht. Sie macht Grenzen zwischen oben und unten durchlässig und Schwellen niedrig.

Weil die Anbetung von Jerusalem und vom Garizim gelöst ist, ist sie überall und unter allen Umständen möglich und wirklich. Freilich, die Gefahr der Spiritualisierung liegt in der Luft. Wenn sich der Glaube nirgends mehr konkret festmachen läßt, dann geht's ab in die Innerlichkeit, ins Private. Dann kann sich der Streit in Worten und Theorien voll austoben. Dann bleibt alles unverbindlich und beliebig. Die Wahrheit ist konkret, der Heilige Geist geht zu Fuß. Der Weg von Judäa nach Galiläa, der Brunnen, die diskriminierte Frau, das Wasserschleppen, die Feindschaft zwischen Völkern – das ist das reale Feld, in dem Kraft des Geistes Neues aufbricht, sich eine Wende zum Leben vollzieht, von der Oberfläche in die Tiefe. Jerusalem und Garizim sind als Heiligtümer passé. Aber Lernorte des Glaubens und des neuen Lebens bleiben, wie der Jakobsbrunnen.

Anbetung „im Geist und in der Wahrheit". Was ist *Wahrheit*? Die Samariterin will sich nicht festlegen. Sie dreht und windet sich, ergreift schließlich die Flucht nach vorn: „Ich weiß, daß der Messias kommt ..." (25). Also: Das hat noch Zeit, später mal ... Sie will die Frage ihrer Lebenswahrheit auf die lange Bank schieben. Jesus verlegt ihr den Weg: „Ich bin es, ich, der mit dir spricht" (26). Wie ein Meteor aus einer anderen Welt: Ego eimi, ich bin der Messias! Da brechen selbstfabrizierte Welten zusammen. Und eine neue geht auf, hier und jetzt mit dem Messias Jesus Christus. Er ist *der* Ort der Anbetung für die Samariterin und für uns alle, er allein. In ihm finden wir unseren Platz, kommen wir zur Anbetung des Vaters „im Geist und in der Wahrheit". Und eben darin kommen wir zur Wahrheit über uns selbst. – Das Gespräch hatte begonnen mit der Bitte Jesu: „Gib mir zu trinken!" (7). Und es endet mit dem Selbstzeugnis Jesu: „Ich bin es" (26) – das lebendige Wasser.

Taufbrunnen

Der Jakobsbrunnen in einer kleinen Kapelle nahe dem Berg Garizim ist heute in der Obhut orthodoxer Mönche. Wer dort hinkommt, findet direkt vor dem Brunnen einen tiefen, alten Taufstein. Mit dem Wasser aus der immer noch sprudelnden Quelle wird die Taufe gespendet. Wenn wir nach der Quelle suchen, die Wasser ewigen Lebens schenkt, müssen wir gar nicht so weit gehen: In der Taufe ist es uns geschenkt. Die Taufe ist noch immer die eine Quelle, aus der alle Christen leben. An dieser Quelle treffen wir uns trotz aller geschichtlicher und kultureller Verschiedenheiten und Brunnenvergiftungen. Sie sammelt uns immer wieder zur Mitte, zu Christus hin. Wir kennen sie als Sakrament der Wiedergeburt.

Wiedergeburt – danach fragen und suchen heute viele Menschen. Sie möchten noch einmal von vorn beginnen, anders, bewußter, wahrer, ohne den ganzen Ballast ihrer Lebensgeschichte. Manche reisen dafür in Gedanken oder auch tatsächlich bis nach Indien. Gibt das nicht zu denken? Während die Wiedergeburt bei vielen Menschen hoch im Kurs steht, sinkt die Wertschätzung unseres Sakramentes der Wiedergeburt. Warum bringen die Menschen ihre großen Lebenshoffnungen und Sehnsüchte nicht mehr mit dem christlichen Glauben zusammen? Warum suchen sie so weit oder re-signieren in ihren Süchten? Hat unsere Taufe den Bezug zum Leben verloren, zum Wasser des Lebens?

Noch einmal von vorne beginnen, wie neu geboren ... Wir glauben, daß das in unserer Taufe geschehen ist. Nur erfahren wir das kaum noch, es kommt uns gar nicht mehr in den Sinn. Das ist unser Problem. Dabei haben wir doch alle schon Augenblicke erlebt, da „fühlten wir uns wie neu geboren". Es war, „als wären wir ein anderer Mensch geworden". War das nicht so, als uns jemand begegnet ist „fürs Leben"? Oder als uns, als es finster aussah, „ein Licht aufging"? Oder als wir uns entschieden haben zu einem Weg ohne Wenn und Aber?

Oder wir haben Einbrüche erlebt, den drohenden Untergang – und sind doch wieder aufgetaucht, haben den Kopf über Wasser bekommen und Boden unter die Füße. Solche Erfahrungen prägen uns, manchmal fürs ganze Leben. Wir kommen heraus wie neu geboren, wie ein anderer Mensch, in diesem unserem leibhaftigen Leben. Es geht nicht um ein zweites, drittes, viertes, x-beliebiges Leben (wie in der Reinkarnation), es geht um unser unverwechselbares Leben. Das ist der Ernstfall, nicht die Probe.

In diesem Leben gibt es die Erfahrung, daß wir „wie neu geboren" sind. Wie deuten wir sie, wie verarbeiten wir sie? Wes Geistes Kind sind wir, wenn wir wie neu geboren sind? Am Anfang des Christenlebens steht die Taufe aus dem Wasser und dem Heiligen Geist. Der Geist Jesu eröffnet uns einen neuen, ungeahnten Lebensraum, er eröffnet uns Gott und befreit uns gerade dadurch zum Leben. Er ist der Schlüssel für unsere Erfahrungen, das Ziel unserer Sehnsüchte. Kann man merken, wes Geistes Kind wir sind? Wenn wir selbst entdecken, daß die Taufe uns eine einzigartige Chance schenkt, wie neu geboren zu leben, wird dieses Tor der Taufe für andere wieder auffindbar und lädt zum Eintreten ein. Dann werden wir selber für andere zum Brunnen, der dazu einlädt, sich nicht am Rande aufzuhalten, sondern tiefer zu schauen auf die eigene Existenz und auf die Fragen der Welt. Ein Brunnen, bei dem die Erschöpften und Müdegewordenen sich setzen können, sich erfrischen und stärken, neue Kräfte schöpfen. Ein Brunnen, an dem neue Brunnengeschichten beginnen können und ihre Kreise ziehen, wie damals in Sychar: „Da ließ die Frau ihren Wasserkrug stehen, eilte in den Ort und sagte zu den Leuten: Kommt her, seht, da ist ein Mann, der mir alles gesagt hat, was ich getan habe: Ist er vielleicht der Messias? Da liefen sie hinaus aus dem Ort und gingen zu Jesus" (28–30).

Das Leben gewinnen

Zu Markus 10, 17–27

„[17]Als sich Jesus wieder auf den Weg machte, lief ein Mann auf ihn zu, fiel vor ihm auf die Knie und fragte ihn: Guter Meister, was muß ich tun, um das ewige Leben zu gewinnen? [18]Jesus antwortete: Warum nennst du mich gut? Niemand ist gut außer Gott, dem Einen. [19]Du kennst doch die Gebote: Du sollst nicht töten, du sollst nicht die Ehe brechen, du sollst nicht stehlen, du sollst nicht falsch aussagen, du sollst keinen Raub begehen; ehre deinen Vater und deine Mutter! [20]Er erwiderte ihm: Meister, alle diese Gebote habe ich von Jugend an befolgt. [21]Da sah ihn Jesus an, und weil er ihn liebte, sagte er: Eines fehlt dir noch: Geh, verkaufe, was du hast, gib das Geld den Armen, und du wirst einen bleibenden Schatz im Himmel haben; dann komm und folge mir nach! [22]Der Mann aber war betrübt, als er das hörte, und ging traurig weg; denn er hatte ein großes Vermögen. [23]Da sah Jesus seine Jünger an und sagte zu ihnen: Wie schwer ist es für Menschen, die viel besitzen, in das Reich Gottes zu kommen! [24]Die Jünger waren über seine Worte bestürzt. Jesus aber sagte noch einmal zu ihnen: Meine Kinder, wie schwer ist es, in das Reich Gottes zu kommen! [25]Eher geht ein Kamel durch ein Nadelöhr, als daß ein Reicher in das Reich Gottes gelangt. [26]Sie aber erschraken noch mehr und sagten zueinander: Wer kann dann noch gerettet werden? [27]Jesus sah sie an und sagte: Für Menschen ist das unmöglich, aber nicht für Gott; denn für Gott ist alles möglich.“

Wovon leben wir eigentlich? Wir leben vom Brot. Essen und Trinken hält Leib und Seele zusammen. Wir leben vom Brot. Nur vom Brot? Brot ist ein Lebens-Mittel, wichtig wie andere Lebensmittel, nicht zu verachten. Aber wenn Lebens-Mittel zum Sinn des Lebens werden, dann wird alles verkehrt. Dann ist schließlich alles Mögliche zu haben (immer mehr Lebens-Mittel), und doch werden immer mehr Menschen das Gefühl nicht los, leer auszugehen und immer leerer zu werden, um das Eigentliche im Leben betrogen zu sein. Es muß im Leben mehr als alles geben. Satt zu werden genügt nicht; es kommt darauf an, erfüllt zu sein. Das ist ein gewaltiger Unterschied.

Die Lebensfrage

Der Mann hier in dieser Geschichte ist von der Frage nach dem Leben bewegt. Ein sympathischer Mann: Er hält sich an die Gebote, ohne sich damit zufriedenzugeben. Er weiß: Es geht um mehr als um die Gebote. Er ist nicht mit allem fertig. Er ist unterwegs, er sucht. Ein Mann, der Fragen hat, nicht irgendwelche Fragen, sondern die Lebens-Frage: „Was muß ich tun, um das ewige Leben zu gewinnen?" (17). Das ist nicht wenig, sich so in Frage zu stellen in der Begegnung mit Jesus.

Der Mann will gewinnen (wie wir alle), er will kein Verlierer sein. Und er möchte nicht irgend etwas gewinnen – ein Spiel oder Rendite, auch nicht nur Profil. Es muß im Leben mehr als all das geben. Um dieses Mehr geht es ihm. Er geht aufs Ganze. Er ist auf das *ewige* Leben bedacht. Ewiges Leben, das heißt doch: etwas, das so zu mir gehört, daß ich es nie verlieren und es mir nie genommen werden kann, das mich ganz macht; nicht nur etwas an mir, sondern ich selbst, meine Zukunft. Gesundheit, Ansehen, Schönheit, Erfolg, das wird mir irgendwann genommen. Was trägt darüber hinaus? Was bleibt? Die Frage nach dem ewigen Leben ist die Frage nach Gott, der uns über unsere Grenzen hin trägt, der die Toten lebendig macht.

Tun und Lassen

Ewiges Leben – der reiche Mann denkt, daß er es schon durch rechtes Tun erwerben könne. „Was muß ich tun ...?" Ist es nicht richtig, so zu fragen? Das ist schon viel mehr, als der leicht zufriedene Durchschnitt überhaupt für möglich hält. Ein pastoraler Glücksfall! Wenn so jemand zu uns käme, wüßten wir nicht im Handumdrehen eine Fülle von Dingen, die er anpacken könnte: caritative, politische, kulturelle, religiöse Aufgaben?

Jesus reagiert anders, unverständlich schroff, fast abweisend: „Warum nennst du mich gut? Niemand ist gut außer Gott, dem Einen" (18). Es ist, als wenn Jesus von sich weg weist. Das ist typisch für ihn. Er fixiert den anderen nicht auf sich. Er macht sich selbst nicht wichtig. In seinem Verhalten kommt zum Ausdruck, was er sagt: Gott allein!

Jesus will dem reichen Mann sagen: Das ewige Leben ist nicht das, was wir haben und machen. Ewig leben heißt: aus Gott leben. Die Grundfrage lautet nicht: Was muß ich tun, damit es gut wird? Die Grunderfahrung unseres Lebens darf sein: Gott ist gut. Er ist mit uns gut, weil er ist. Der Blick wird vom eigenen Tun weg auf Gott gerichtet. „Niemand ist gut außer Gott, dem Einen." Ein Wort, das unmittelbar ins Herz treffen kann. Das ist es, was uns trägt und halten kann, wovon wir wirklich leben und was uns niemals genommen wird.

Sie kennen vielleicht den Vers von Erich Kästner: „Es gibt nichts Gutes, außer man tut es." Ein typisch neuzeitlicher Satz: Alles machen. Das Gute als Werk des Menschen. Das hat gewiß seine Wahrheit. Und doch erhebt die Geschichte Jesu Einspruch: Gott allein ist gut. Das Gute ist da, längst bevor wir ans Werk gehen. Es kommt nicht aus uns, sondern zu uns. Wir empfangen es mehr, als daß wir es tun. Das ewige Leben ist nicht zu machen.

Wenn klar ist, daß es nicht unser Werk, unsere Leistung ist, sondern ein Geschenk des Himmels, Gabe Gottes, dann kann und muß auf diesem Hintergrund von den Geboten Gottes gesprochen werden (19). Die erfahrene Güte ruft danach, Gutes zu tun, dem Willen Gottes gemäß zu leben. Das hat der reiche Mann getan (20). Alle Achtung! Jesus erkennt das an. Und doch ist mit den Geboten nicht alles getan. „Eines fehlt dir noch . . ." (21). Auf dieses „Eine" kommt es offenkundig an. Es ist wie ein Vorzeichen vor der Klammer. Plus oder minus – je nachdem, es betrifft jedes Zeichen und jede Zahl in der Klammer. So ist das mit diesem „Einen" vor der Klammer unseres Tuns.

Das Leben ist anders, je nachdem ob ich von Angst beherrscht bin oder Vertrauen empfangen und schenken darf. Es ist eine mörderische Sache, wenn man Angst davor hat, auf etwas anderes zu vertrauen als auf die eigene Tat („Was muß ich tun?"). Dann „produziert" man sich schließlich selbst und denkt gar, man könne das ewige Leben produzieren. Dann wird der Besitz zur Lebensgarantie: Hast du was, dann bist du was! Aber Haben ist nicht Sein. Das Leben ist nicht zu haben. Man darf die Hab-Seligkeiten nicht überschätzen: Das Leben können sie nicht hergeben. Der Versuch, durch eigene Leistung sich selbst zu produzieren, verkennt die vorgegebene Realität, ist Raubbau am Leben und Verzweiflung im Tod. Das Vorzeichen vor der Klammer des Lebens könnte anders aussehen. Der Reiche könnte Jesus vertrauen. Das fehlt ihm. Wenn er dieses Vertrauen hätte, bräuchte er keine Angst um sich selbst zu haben. Er könnte alles, was er hat, loslassen. Aber die Angst ist stärker als das Vertrauen.

Der reiche Mann fragt: „Was muß ich tun...?" (17). Die tiefer gehende Frage hat er noch nicht entdeckt: Was muß ich lassen? So könnte er den erlösenden Unterschied lernen: Gott allein ist Gott, und wir sind Menschen. Er hat Angst, auf etwas anderes zu vertrauen als auf sein eigenes Tun, auf seine fromme Leistung (Gebote). Er hat Angst, sein Tun, seine Habe, sein Vermögen loszulassen. „Eines fehlt dir..." – die Gelassenheit, die sich Gott läßt und darum alles andere lassen kann. So ist das Leben zu gewinnen, das ewige Leben. „Wer sein Leben retten will, wird es verlieren; wer aber sein Leben um meinetwillen verliert, wird es gewinnen" (Mt 16, 25).

Die Chance zur Lebenswende

Man denkt vielleicht, der Erzählung gehe es vornehmlich um die soziale Verantwortung der Besitzenden, um den Lastenausgleich. Das ist wichtig. Aber, auffällig genug: Jesus stellt dem reichen Mann nicht die Not der Welt vor Augen, nicht die Not der Bettler und Arbeitslosen in Galiläa. Nicht im Namen des Elends soll er seinen Besitz hergeben, sondern in Gottes Namen. Sicher, er soll das, was er hat, den Armen geben. Aber das ist nicht der eigentliche Beweggrund, das ist die Konsequenz. Von Anfang bis Ende geht es der Erzählung darum, Gottes Gegenwart zu entdecken und ernst zu nehmen: „Niemand ist gut außer Gott, dem Einen" (18) und „Für Gott ist alles möglich" (27). Darin liegt die Chance zur Lebenswende.

Sie begegnet dem Reichen in Jesus, in seinem Ruf: „Komm und folge mir nach!" (21). Das ist der Ruf zum Leben. Keiner ist da abgeschrieben, keiner ist auf seinen Besitzstand festgelegt. Keiner ist – vor Gott – fix und fertig. Jesus traut ihm zu, daß er alles lassen kann, was nur

Lebens-Mittel ist. Er lockt ihn vom Haben-Wollen zum Sein. Die Chance ist gegeben, in diesem Augenblick: „Da blickte ihn Jesus an und gewann ihn lieb" (21). Man könnte auch übersetzen: Er umarmte, er küßte ihn. Damit ist alles gesagt. Darin liegt *die* Chance des Lebens, in dieser Zuwendung Gottes. Doch der Reiche hat alle Hände voll. Er kann die Umarmung nicht erwidern. Man denkt unwillkürlich an die Mutter, die ihrem Kind zuruft: „Komm in meine Arme." Aber das Spielzeug ist wichtiger. Das Kind bleibt allein. Das ist traurig.

Der reiche Mann kann sich nicht von seinen Hab-Seligkeiten trennen. „Er hatte ein großes Vermögen" (22). Daran hängt er. Er hat Angst, es zu lassen. Er vertraut seinem Besitz mehr als Jesus. Seine Arme und sein Herz sind besetzt. Darum kann er sich nicht in die offenen Arme Jesu fallen lassen.

Die Radikalität der Erzählung liegt im Anspruch des Glaubens. Armut ist zunächst nicht ein aszetisches Prinzip, sondern Ausdruck des Glaubens: Im Vertrauen auf Gott bin ich davon befreit, mein Leben selbst absichern zu müssen. Ich kann mich auf Gott verlassen, und darum kann ich gelassen alles andere lassen. Wer sein Vermögen hergibt, gewinnt das Leben. Das eben ist die größte Hypothek, die auf dem Reichtum liegt: Er steht dem Glauben im Weg. Es ist die Zuversicht der Erzählung, daß der, der sich glaubend auf Jesus einläßt, die Freiheit gewinnt, sein Vermögen und sich selbst zu lassen. Der archimedische Punkt, von dem her der Reichtum in Bewegung gesetzt wird, ist nicht ein Appell („Schnallt die Gürtel enger!"), sondern der Glaube.

Mit dem Reich Gottes ist es – erzählt das Gleichnis – wie mit einem Schatz. Er liegt im Acker vergraben. Jemand entdeckt ihn, und in seiner Freude geht er hin und verkauft alles, was er hat, für den Schatz (vgl. Mt 13,44).

Der reiche Mann ist auf den Schatz gestoßen, er ist Jesus begegnet. Statt daß er mit Freuden alles gibt, zieht er mit seiner Habe traurig davon (Mk 10, 22), den Weg zum Tod, nicht zum Leben. Eine Tragödie: Er will das Leben gewinnen, und er verliert es, weil er es festhält. Er verpaßt die Chance zur Lebenswende. Die traurige Geschichte von einer mißglückten Jüngerberufung.

Armut im Sinne des Evangeliums ist zuallererst Ausdruck leidenschaftlichen Gottvertrauens, eines Glaubens, der nichts zurückhält, der den ganzen Einsatz wagt. Das ist auch das Geheimnis des heiligen Franz von Assisi. Es kommt in der Initiation seines Weges auf dem Marktplatz von Assisi zum Ausdruck. Nachdem er sich aller seiner Kleider entledigt hat, kommt er nackt zurück, legt Kleider und Geld vor dem Bischof und vor seinem Vater in Gegenwart aller anderen nieder und sagt: „Hört, ihr alle, und versteht es wohl: Bis jetzt nannte ich Pietro Bernardone meinen Vater; aber da ich nun den Vorsatz habe, dem Herrn zu dienen, gebe ich ihm das Geld zurück, um das er sich aufgeregt hat, nebst allen Kleidern, die ich aus seinem Eigentum besitze – und von nun an will ich sagen: ‚Vater unser, der du bist im Himmel', nicht mehr: ‚Vater Pietro Bernardone'."

Das Kamel vor dem Nadelöhr

Wo greift diese Erzählung in unsere Situation, wo greift sie uns, die wir mit allen Wassern der Entschärfung des Evangeliums gewaschen sind, die wir alle Tricks kennen, uns schadlos zu halten, uns die Krise des reichen Mannes zu ersparen? Was ist mit dem Nadelöhr zum Reich Gottes, vor dem der Reiche steht wie ein Kamel? Immer wieder hat man versucht, dieses Wort zu entschärfen, alle Ecken und Kanten zu glätten, bis auch das fetteste Kamel durch das Nadelöhr kommt: „Und in der Tat! Das Vieh ging durch, obzwar sich quetschend wie ein Lurch!" (Ch. Morgenstern).

Über Armut als „innere Haltung" ist man sich in der Regel auffällig schnell einig. Sobald man nicht mehr nur sitzend nachdenkt oder sich innerlich geistlich zu lassen versucht, sondern „Nachfolge" beim Wort nimmt, sich also buchstäblich auf den Weg macht und erste leibhaftige Schritte zur Armut hin tut, beginnen die Fragen, die Widerstände und Einsprüche: „So kann das doch nicht gemeint sein! Wo kommen wir denn hin, wenn wir die Aussagen des Evangeliums wörtlich nehmen?" Und schon sind wir dabei, Jesus über unsere Leisten zu schlagen, statt daß wir uns ihm anpassen.

Theoretisch ist heute in der Kirche vieles klar. Wir haben ein erstaunliches Wissen in der Auslegung der Schrift. Kaum eine Generation hat so viel über das Neue Testament gewußt wie wir. Aber unser Kopf ist viel weiter als unser Herz. Unser Engagement erschöpft sich zumeist im Wissen. Wenn es an die Konsequenzen geht, ist uns der Atem ausgegangen.

„Da sah Jesus seine Jünger an und sagte zu ihnen: Wie schwer ist es für Menschen, die viel besitzen, in das Reich Gottes zu kommen!" (23). Die Jünger sind bestürzt. Man kann es ihnen nachempfinden. Sie merken: Der Glaube hat Konsequenzen, er geht ans Vermögen. Entscheidungen sind fällig. Halbherziges Lavieren führt zu nichts: „Niemand kann zwei Herren dienen ... Ihr könnt nicht beiden dienen, Gott und dem Mammon" (Mt, 6, 24). Der Dienst ist nicht zu teilen. Entweder Gottesdienst oder Mammonsdienst. Entweder Gottes Herrschaft – oder: Geld regiert die Welt. Man kann nicht zugleich auf verschiedenen Hochzeiten tanzen.

Kaum etwas kennzeichnet unsere Situation so sehr

wie der Mangel an Leidenschaft. Wir finden immer einen Grund, nicht radikal zu sein. In der Nachsicht mit uns selbst sind wir grenzenlos. Was übrig bleibt? Ein Glaube ohne Ärgernis, eine „kommode Religion" (G. Büchner). – „Er ging weder den ganz breiten Weg zur Ewigkeit noch den ganz schmalen, sondern hatte bei häufigem Gebet und einer guten Tafel einen mittleren eingeschlagen, den man den geistlich kurfürstlichen nennen könnte" (G. Ch. Lichtenberg).

Der Stachel im Fleisch

Ein Pfarrer predigt über die Geschichte vom reichen Mann: Daß es so nicht weitergehe mit dem Haben- und Besitzenwollen. Wer nicht bereit sei, sein Hab und Gut zu lassen, habe von der Freiheit des Glaubens nichts begriffen ...

Nun sitzt da eine Frau unter der Kanzel, eine rüstige Witwe, die mit Eifer und Umsicht ihr großes Gut bewirtschaftet. Sie ist von der Predigt getroffen und geht nachdenklich nach Hause. Sie hat einen unruhigen Tag und eine unruhige Nacht, und am nächsten Tag geht sie zum Pfarrer und sagt: „Mir ist klar, wenn ich Jesus folgen will, muß ich meinen Besitz lassen. Darum werde ich Ihnen, Herr Pfarrer, das Gut überschreiben. Sie können es dann für die Armen verwenden. Ich werde noch in dieser Woche alles mit dem Rechtsanwalt erledigen."

Der Pfarrer, über die Auswirkung seiner Predigt mehr erschreckt als begeistert, bittet um Bedenkzeit. Tags darauf macht er sich auf und spricht lange mit der Gutsfrau. Er sagt, daß das ganz richtig und im Sinne des Glaubens sei, daß sie sich so entschlossen von ihrem Gut trennen könne. Er wolle dieses Gut auch symbolisch annehmen, aber nur, um es ihr gleich, allerdings unter anderem Vorzeichen, zurückzugeben. Es sei Gott und den Menschen in diesem Fall nicht damit gedient, wenn sie das Gut abgäbe. Niemand wisse ja, wer es kaufen werde und wie der mit den Mitarbeitern umgehen werde. Sie solle das jetzt so ansehen, als sei es ihr von Gott zur Verwaltung übergeben. Zum Nutzen derer, die auf dem Hof mitarbeiten, zum Nutzen derer, die sie mit dem erwirtschafteten Geld unterstützen könne.

Eine Geschichte, die zu denken gibt, auch wenn man nicht gerade ein Gut besitzt. Ist das die Lösung? Nicht *die* Lösung, aber ein möglicher Weg.

Armut im Sinne des Evangeliums ist weder nur „innerlich" zu verstehen noch nur „materiell". Sie widersetzt sich einer Flucht ins „rein Geistliche" ebenso wie einer Verrechnung in ökonomische Bezüge. Ich kann mich nicht auf die Gesinnung zurückziehen und sagen: Es kommt allein auf die private innere Haltung an. Ich kann andererseits die Armut nicht zu einem Finanzproblem verengen und sie vor den Karren sozialkritischer Parolen spannen.

Der Glaube ist nicht neutral gegenüber arm und reich. Er klammert die Frage nach dem Besitz nicht aus, er entläßt sie nicht in die Beliebigkeit. Er beginnt nicht jenseits von arm und reich, sondern diesseits. Der Stachel der Armut sitzt nicht nur im Geist, sondern auch im Fleisch. „Der Besitzende, der nicht teilt, kann es nicht bei der Vorstellung bewenden lassen, daß er ‚im Glauben' nachfolge; sozusagen ‚innerlich' den Akt der Nachfolge vollziehe, jenseits von arm und reich, in einer ‚Armut im Geiste', die er mit der ebenso angestrengten wie folgenlosen Illusion verwechselt, er würde ja nur besitzen, ‚als ob' er nicht besäße ... Nur der Gebende besitzt, ‚als ob' er nicht besäße; der Besitzende, der Reiche, der sich vom Leiden der anderen nicht zur Rechenschaft ziehen läßt, bleibt prinzipiell trostlos, er hat seinen Lohn dahin. Armut ist demnach nie *nur* eine Gesinnungsfrage. Als ‚reine' Gesinnung kann sie auch keine ‚Armut im Geiste' sein!" (J. B. Metz).

Jesus hat die Menschen nicht nur zu einer neuen Gesinnung gerufen, sondern in die Nachfolge, auf einen Weg. Sein Wort ist Tat-Wort. Verläßt der Weg die leibhaftigen Spuren, die Jesus eingegraben hat, dann verläuft er sich im Sande. Mir geht ein Bild nicht aus dem Sinn, das sich mir in Assisi eingeprägt hat. Vor der Stadt liegt ein kleiner Ort, Rivotorto. Dort stehen die Hütten, in denen der heilige Franz mit seinen ersten Gefährten gewohnt und die erste Regel geschrieben hat. Heute sind die alten Schuppen schön hergerichtet. Ein Altar steht darin, und über dem Ganzen wölbt sich eine neugotische Kirche. Die Armut ist ins Museum gestellt, ins geistliche Museum. Dort tut sie niemandem weh. Dort kann man sich geistlich daran erbauen, beten und die Messe feiern – mit dem Rücken zur Armut. Aber der heilige Franz hat dort gelebt, und nachts hat er mit dem Rücken auf den Steinen gelegen. Er hat nicht nur für die Armen gebetet, sondern mit ihnen.

Alternativen

Offenbar ist der Reichtum nicht so unschuldig und harmlos, wie er häufig unter Berufung auf die scheinbar wie selbstverständlich vorauszusetzende „Armut im Geiste" dargestellt wird. Sonst würden die, die sich im Besitz der Armut im Geiste fühlen, doch wie selbstverständlich teilen. Davon kann nicht die Rede sein. Ist die vielbeschworene innere Armut so schwach, daß sie sich nicht auszudrücken vermag und sich vereinnahmen läßt? Ist der Außendruck des Besitzes so stark, daß sie niedergehalten wird und „erstickt"? Läßt der Besitz schließlich auch die Gläubigen besessen werden? Wie sehr er Einstellungen betreffen kann und in aller Regel verändert, ist allenthalben zu sehen. Man braucht dazu nicht weit zu gehen, wahrscheinlich nur zu sich selbst. Einschränkungen, die ins Fleisch schneiden, kommen zu selten aus eigener Initiative, sie sind weit mehr durch den Zwang der äußeren Verhältnisse diktiert.

Werden wir die Erfahrung vermitteln können, daß weniger (an Besitz) mehr (an Glaube, an Freiheit) sein kann? Wir haben die lautstarken Proteste gegen die bestehenden Verhältnisse noch in den Ohren. Ist das Unbehagen an diesen Verhältnissen so groß, daß wir mit der Revolution im eigenen Haus beginnen? Oder schaffen wir uns nur mit dem Blick auf das Ungenügen „der Kirche" ein Alibi, um von der Frage nach uns selbst abzulenken? Wir können teilen – ohne bischöfliche Genehmigung. Wir können einfach leben, arm werden, ohne absolute Mehrheit im Pfarrgemeinderat. Wir können – wenn wir's können. Diese Möglichkeit ist nicht unsere eigene Leistung, sie ist uns von Gott eröffnet: „Denn für Gott ist alles möglich" (27).

Ich habe mich gefragt: Wärest du Jesus gefolgt? Vielleicht hättest du versucht, mit ihm zu diskutieren: Wie meinst du das, Jesus: Verkaufe, was du hast ...? Man kann doch mit seinem Vermögen viel Gutes tun. Man muß doch realistisch sein. Wenn ich mich in die Situation des reichen Mannes versetze: Wäre ich Jesus gefolgt? Was hindert mich, daß ich mich in seine offenen Arme fallen lasse? Bin ich so frei?

Welches Gebot ist das wichtigste?

Zu Matthäus 22, 34–40

„[34]Als die Pharisäer hörten, daß Jesus die Sadduzäer zum
Schweigen gebracht hatte, kamen sie (bei ihm) zusammen.
[35]Einer von ihnen, ein Gesetzeslehrer, wollte ihn auf die Probe
stellen und fragte ihn: [36]Meister, welches Gebot im Gesetz ist
das wichtigste? [37]Er antwortete ihm: Du sollst den Herrn, dei-
nen Gott, lieben mit ganzem Herzen, mit ganzer Seele und mit
all deinen Gedanken. [38]Das ist das wichtigste und erste Ge-
bot. [39]Ebenso wichtig ist das zweite: Du sollst deinen Näch-
sten lieben wie dich selbst. [40]An diesen beiden Geboten hängt
das ganze Gesetz samt den Propheten.“

Aus dem Judentum zur Zeit Jesu ist uns diese Geschichte überliefert: Ein Heide kommt zu dem damals berühmten Rabbi Schammai und sagt ihm: „Ich werde ein Jude, wenn du mir sagst, worauf es im jüdischen Glauben ankommt – in der Zeit, in der man auf einem Fuß stehen kann.“ Der Rabbi überdenkt die fünf Bücher Mose und alles, was in der Tradition dazu ausgeführt ist, und er paßt: „Das kann ich nicht in ein paar kurzen Sätzen sagen.“ Der Heide läßt sich nicht entmutigen. Er geht zur Konkurrenz, zum Rabbi Hillel. Er stellt ihn vor dieselbe Aufgabe – und erhält umgehend die Antwort: „Was dir selbst widerwärtig ist, das tue auch deinem Nächsten nicht an. Das ist das ganze Gesetz. Alles andere ist Auslegung.“

Kurze Zeit später berichtet die Bibel von einer ähnlichen Situation. Ein Rabbi steht vor Jesus und fragt ihn: Was ist das Wichtigste? Sag kurz und bündig: Worauf kommt's an? Jesus antwortet ihm: „Du sollt den Herrn, deinen Gott, lieben mit ganzem Herzen, mit ganzer Seele und mit all deinen Gedanken. Das ist das wichtigste und erste Gebot. Ebenso wichtig ist das zweite: Du sollst deinen Nächsten lieben wie dich selbst. An diesen beiden Geboten hängt das ganze Gesetz samt den Propheten" (37–40).

Die beiden Angelpunkte

Wenn ich mit Jugendlichen in der Vorbereitung auf die Firmung zusammen bin, kommt das Gespräch häufig auf die Frage: Was ist das entscheidende Gebot der Christen? Die Antwort lautet in aller Regel: „Nächstenliebe!" – „Ist das alles?", frage ich weiter. Die Reaktion: Schweigen auf der ganzen Linie! Ich habe bisher noch nicht erlebt, daß jemand die Gottesliebe genannt hätte. Christsein bedeutet für die allermeisten Zeitgenossen Nächstenliebe, Mitmenschlichkeit, Solidarität. Damit hört's auf. Für Jesus nicht! Für ihn fängt's an mit Gott. Für ihn ist eben nicht alles gesagt und getan mit dem Satz: „Du sollst deinen Nächsten lieben wie dich selbst" (39). Es heißt vorweg, an erster Stelle: „Du sollst den Herrn, deinen Gott, lieben mit ganzem Herzen, mit ganzer Seele und mit all deinen Gedanken" (37).

Gut, werden Sie sagen, das ist doch im Grunde dasselbe, Gottesliebe ist nur ein anderes Wort für Nächstenliebe. Gott begegnen wir im Nächsten, wo denn sonst? Den Nächsten lieben und Gott lieben, das ist eins. – Aber offenbar ist in der Antwort Jesu nicht nur eins gesagt, sondern zweierlei. Im ersten Satz spricht er von der Gottesliebe, im zweiten von der Nächstenliebe. Beides ist zwar eng miteinander verbunden, aber es ist nicht dasselbe. Und bezeichnenderweise heißt es abschließend: „An diesen *beiden* Geboten hängt das ganze

Gesetz samt den Propheten" (40) – wie eine Tür in den Angeln hängt (so deutet das griechische Wort im Urtext an). Die Tür braucht zwei Angeln. Wenn eine ausfällt, hängt sie schief. Spüren Sie, warum bei uns manches schief hängt?

Gotteskrise

Von der Nächstenliebe ist oft genug die Rede. Ich möchte darum zunächst an die Liebe zu Gott erinnern. Zugegeben, es ist schwieriger geworden, von Gott zu sprechen, nicht abgehoben, sondern so, daß man's versteht. Die alten Wörter und Formen greifen nicht mehr so recht. Mehr als in anderen Zeiten scheint Gott in unserer Zeit fern. Mehr als in anderen Kulturen scheint unsere Kultur heute gottverlassen. In unserem alltäglichen Leben brauchen wir Gott nicht, wir kommen ganz gut ohne ihn aus. Er ist nicht nötig, um das Geheimnis von Blitz und Donner, Erdbeben und Sonnenfinsternis zu entschlüsseln. Wir brauchen Gott nicht, um die Erde zu verändern. Unsere Maschinen und Hände tun das, und wie! Wir brauchen Gott nicht für unser tägliches Brot. Im Überfluß ist alles da – zumindest in unseren Breiten. Mögen Menschen in anderen Völkern noch zu Gott beten, bei uns ist das doch eigentlich nicht mehr nötig, denken viele. Man kann ganz gut ohne Gott leben.

Wie können wir in einer „gottfernen" Zeit eine Beziehung zu Gott aufnehmen? Er drängt sich uns nicht auf, er bleibt Geheimnis. Dennoch können wir Spuren Gottes in unserem Leben entdecken, von Erfahrungen erzählen, wir können uns an ihn herantasten. Vielleicht weniger durch Naturphänomene, als im Raum unserer Person. Etwa so:

Unverfügbarkeit des Lebens

In unserer Welt fügt sich nicht einfach eins zum anderen. Vieles bleibt offen, widersprüchlich. Unser Leben geht nicht auf in dem, was wir von ihm denken, nicht in den Begriffen, nicht in den Zielen. Es ist mehr, als wir von ihm wissen und zu ihm beitragen können. Es ist jeden Tag neu verwunderlich, daß wir leben.

Was wir sind, woraus wir geworden sind und was endlich aus uns werden wird, versteht sich nicht von selbst. Wir können uns oft genug selbst nicht verstehen. Unser Leben ist mehrdeutig; es bedeutet mehr, als wir durch seine Deutung wahrnehmen können. Keiner verfügt darüber, welche Erfahrungen ihm zugemutet werden und ob sein Leben gelingt. Keiner verfügt darüber, was ihm gegeben oder verweigert wird. Keiner kann sein Leben selbst schaffen. Wir sind allemal Empfangene. Das prägt uns von Anfang an. Was wir im Laufe unseres Lebens verwirklichen, wirkt nicht Wunder, sondern es lebt davon, daß ein Wunder geschieht, damit wir nicht untergehen.

Der Glaube beginnt mit der Einsicht, daß der Grund unseres Lebens nicht bei uns selbst liegt, sondern in Gott. Das Wunder beginnt nicht erst an den Grenzen unseres Daseins, sondern in seiner Mitte. Es ist Gottes Gnade, daß wir sind.

Unverfügbarkeit der Liebe

Zwei Menschen, die sich lieben, können sich fragen: Wie kommt das eigentlich, daß wir uns verstehen, daß wir einander vertrauen und lieben. Das ist ja nicht selbstverständlich, ganz und gar nicht. Es läßt sich nicht machen, nicht mit Geld und guten Worten. Es läßt sich auch nicht erzwingen, weder mit dem Willen noch mit

Gewalt. Es ist Geschenk, Gnade. Der eine ist mit dem anderen beschenkt. Die Liebe hat sich ihnen geschenkt. Sie kommt aus einer Quelle jenseits unseres Wollens und Verfügens als Gabe zu uns. Wer sich der Liebe öffnet, der hat sich ihrem Ursprung geöffnet, Gott. „Von wem anders als von Gott ist der erfüllt, der von der Liebe erfüllt ist" (Augustinus). „Wer in der Liebe bleibt, der bleibt in Gott, und Gott bleibt in ihm" (1 Joh 4, 16).

Liebe, die kann man sich nicht verdienen. Es gibt auch keinen rechtlichen Anspruch darauf. Man kann sie vor keinem Gericht einklagen. Wer an verschmähter Liebe leidet, weiß, daß Liebe Gnade ist. Und wer Liebe erfährt oder schenkt, der weiß es erst recht. Das ist ein Geschenk des Himmels, sagen wir wohl und ahnen, daß der Himmel dabei seine Hand im Spiel hat. Gott sei Dank! Dann kann man die Bibel verstehen, etwa dieses Wort: „Er hat uns zuerst geliebt" (1 Joh 4, 19). Das ist der Angelpunkt des christlichen Glaubens. Der Philosoph Descartes hat zu Beginn der Neuzeit definiert: cogito, ergo sum – ich denke, also bin ich. Dieser Satz greift zu kurz und führt schließlich zu einer verkopften Gesellschaft. Die christliche Alternative, auf den Punkt gebracht (auf den Angelpunkt), lautet: amor, ergo sum – ich bin von Gott geliebt, also bin ich. Das ist der letzte Grund unserer Christen- und Menschenwürde. Diese Grundaussage steht *vor* allen Aufforderungen und Appellen. Christ wird man nicht mit dem kategorischen Imperativ: Du sollst Gott lieben, sondern mit dem kategorischen Indikativ: Du bist von Gott geliebt.

Ein islamischer Mystiker fragt seine Schüler: „Worin besteht das rechte Verhalten der Menschen Gott gegenüber?" Sie antworten: „Darin, daß man Gott liebt." Der Meister schüttelt den Kopf: „Nicht darin, daß ihr denkt, wir lieben Gott. Wer denkt, er liebe Gott, der steht noch unter dem Zwang. So sollt ihr sprechen: Ich glaube fest, daß Gott mich liebt. Das ist das rechte Verhalten des Menschen Gott gegenüber."

Kein Mensch kommt auf die Welt ohne die unstillbare Sehnsucht, in der Liebe eines anderen zu hören und zu erfahren, daß er erwünscht ist und wichtig. Nur dann wird er dem Leben trauen, nur dann wird er sich selbst wagen und mutig ins Leben gehen, nur wenn er Vertrauen und Liebe erfährt. Ahnen Sie, was das heißt, von Gott geliebt zu sein? Das gibt Raum zum Leben. Das ist wie eine Erlösung. Denn seit den Tagen Adams und Evas ist es für keinen Menschen mehr selbstverständlich, erwünscht und bejaht zu sein. Wer weiß denn schon aus sich, daß es gut ist, daß er da ist und daß sein oft armseliges Leben trotz allem ein Geschenk ist an die Welt. Und wenn es ihm niemand sagt, wenn es ihn keiner erfahren läßt? Soll er es sich selbst einreden? Schließlich meint er, er müsse es sich und den anderen zeigen, daß er wer ist. Das ist ein heilloses Unterfangen, gnadenlos für ihn selbst und für die anderen. Er kann machen, was er will, er wird aus dieser Gnadenlosigkeit durch sich selber nie herauskommen. Nur die Liebe kann ihn daraus befreien, die er empfängt. Wer sich von Gott geliebt weiß, der kann ihn lieben, aus ganzem Herzen.

Gott lieben

Gott lieben, das hat eine unabdingbare Voraussetzung: sich von Gott lieben zu lassen. Also kommt alles darauf an, empfänglich zu werden für Gottes Liebeserklärungen, auf die Zeichen zu achten, die er uns gibt, auf seine Stimme in uns und im Wort der Schrift. Wenn wir anfangen zu tun, was wir als seine Stimme erkannt haben, fangen wir an, ihn zu lieben. Wenn wir die lieben, die ihm besonders am Herzen liegen, lieben wir Gott. Wer kennt nicht die innere Stimme, die ihm sagt: Das ist jetzt dran. Das solltest du tun. Folgen wir diesen Eingebungen, den Lockrufen des Gottesgeistes? Oder weichen wir ihnen aus?

Gott lieben, das wird wohl nicht völlig anders sein wie sonst, wenn Menschen sich verlieben. Man muß sich treffen, Gelegenheiten suchen, um zusammenzusein, damit man sich nicht aus den Augen verliert. Die Begegnung muß lauter sein, rein in der Absicht. Jeder kennt das Gegenteil: Ich begegne jemandem und denke: ein guter Freund. Aber auf einmal merke ich an einem Wort, an einer Reaktion: Der meint gar nicht dich, der will nur etwas von dir. Das ist eine riesige Enttäuschung. – So ist das auch in der Gottesliebe. „Manche Menschen wollen Gott mit den Augen ansehen, mit denen sie eine Kuh ansehen", sagt Meister Eckhart. „Sie wollen Gott lieben, wie sie eine Kuh lieben. Die liebst du wegen der Milch und wegen des Käses und deines eigenen Nutzens. So halten's alle jene Leute, die Gott um des äußeren Reichtums oder des inneren Trostes willen lieben. Die aber lieben Gott nicht recht, sondern sie lieben ihren Eigennutz." Gott läßt sich nicht verwenden wie eine Kuh: Gibt sie Milch, ist sie gut; gibt sie keine, wird sie verkauft oder geschlachtet. Er möchte uns auf einer anderen Ebene begegnen, dort, wo jemand sagt: Ohne dich möchte ich nicht leben. Ich liebe dich nicht, weil ich etwas von dir haben will, sondern weil du du bist.

Wer zu lieben beginnt, wird verwundbar und verwundet sich, er muß Verwundungen zulassen. Liebe und Leiden gehören zusammen, so wahr die Leidenschaft (Passion) der Liebe innewohnt. Das Zeichen der Liebe ist das verwundete Herz. Weil die Liebe im Zentrum des christlichen Glaubens steht, darum haben die Wunden in ihm eine so zentrale Bedeutung.

Die Liebe zu Gott gibt es nicht ohne das Leiden an Gott. Ein Rabbi hat in seinem Leben viel Leid erfahren und bringt seine Not immer neu im Gebet vor Gott. Die Schüler geraten in Zweifel und sagen: „Wie kannst du nur so mit Gott reden, da er offensichtlich nicht mit dir spricht?" Darauf der Rabbi: „Er redet schon, er antwortet nur nicht." Der Rabbi weiß wohl, daß das Beten kein Frage-Antwort-Spiel ist. Gott gibt nicht die passenden Antworten, die wir von ihm erwarten. Aber er redet mit uns. Darum können wir auch unsererseits unsere Not und Klage offen vor ihm aussprechen. Gibt es nicht auch ein Schweigen unter Liebenden-Leidenden, das kein Verstummen ist? Manchmal sagen wir: Du, ich mag dich leiden. Eigenartig, daß wir „leiden" sagen, wenn wir „lieben" meinen.

In der Gottesfrage geht es nicht um blutleere Spekulationen; es geht um uns, es geht darum, wie groß oder klein wir Menschen von uns selbst und von unserer Welt denken. Wir tun den Menschen keinen Dienst, wenn wir Gott verschweigen. Mit ihm steht unser Menschsein, unsere Menschlichkeit auf dem Spiel. Wer an Gott glaubt, läßt sich von niemandem darin übertreffen, groß vom Menschen zu denken. Wer sich mit seinen eigenen Wünschen und Interessen zufriedengibt, hat einen kleinen, kleinkarierten, endlichen Horizont. Wir sind mehr, als wir haben und aus uns machen, mehr als unser Werk. Die Grundbotschaft aus Jesu Leben, Sterben und Auferstehen an jeden Menschen heißt: Du bist von Gott geliebt, unbedingt bejaht und anerkannt. Das ist die Quintessenz des Glaubens.

... wie dich selbst

Die unbedingte Zuwendung Gottes zum Menschen in seiner Endlichkeit und Begrenztheit ist die Grundwahrheit der Geschichte Jesu. Jesus bürgt im Namen Gottes dafür, daß der Mensch ja zu sich selbst sagen kann, sich selbst annehmen kann. „Nichts, was nicht angenommen ist, kann verwandelt werden" (C. G. Jung). Die Entdeckung der eigenen Innenwelt und die Entdeckung der Außenwelt (des Nächsten) schließen sich nicht aus, sondern gehen ineinander.

Es ist ein hoffnungsvolles Zeichen, daß immer mehr Menschen wünschen, daß eigene Innere besser zu verstehen. Sie wollen nicht nur eine einzelne Etage, sondern ihr ganzes Haus durchwandern und bewohnen. Der „Individualisierungsschub", auf den uns die Soziologen als Charakteristikum der Gegenwart hinweisen, ist nicht zu verkennen. Er birgt sicher Gefahren, aber auch die große Chance, sich selbst besser zu verstehen und seine eigene Identität zu gewinnen. „Nicht wenig Elend und Verwirrung kommt daher, daß wir durch eigene Schuld uns selber nicht verstehen und nicht wissen, wer wir sind", sagt Teresa von Avila. „Elend" heißt ursprünglich Aus-Land. In der Tat, wir können uns selbst fremd sein und bleiben. Wie schwer ist es, in sich zu gehen und zu sich zu kommen! Bisweilen kennen wir gar die Tür zu uns selber nicht mehr oder finden den Schlüssel nicht. Selbst wenn wir den Eingang unseres Hauses betreten und die ersten Schritte in den noch dunklen Flur wagen, geraten wir schnell in Bedrängnis. Es ist, als machten wir uns selbst Angst, als käme aus der Tiefe unseres Lebens soviel Unklares und Finsteres uns entgegen, daß wir den nächsten Schritt nicht wagen. Der innere Mensch bleibt dann nur wenig aufgeräumt – und nicht selten gleicht er einem Spukschloß, in dem böse Geister, böse Ängste herumschwirren. Im eigenen Hause fremd, werden wir den größten Schatz darin niemals entdecken: Gott ist nämlich da. „Gott ist uns heimisch, wir sind Fremde", sagt Meister Eckhart.

Mit wachsender Beheimatung in der Tiefe des eigenen Innern wächst die Fähigkeit, den anderen Menschen zu begegnen, sie zu verstehen und auf ihrem Weg zu begleiten. Wer den Weg zu den eigenen Tiefen wagt, wird ihn auch zu den anderen finden. Menschen mit Tiefgang sprechen eben auch in anderen Tiefenschichten an. Wer dagegen den Zugang zu sich selbst nicht sucht oder nicht finden kann, wird immer in Gefahr sein, sich zu verstecken. Er baut Fassaden auf, die die Begegnung verhindern. Traurige Ruinen, die in der Landschaft herumstehen, weil die Eigentümer aufgehört haben, sie wirklich zu bewohnen, aufzuräumen und Atmosphäre hineinzubringen.

In der Frage der Kirchenreform stehen die Strukturfragen oft obenan. Zweifellos haben sie ihr spezifisches Gewicht. Sie zu verharmlosen oder gar zu verdrängen, hätte verheerende Folgen. Aber ob sie der Hebel zur Erneuerung der Kirche sind? Erfahrungen der vergangenen Jahrzehnte geben zu denken. Strukturelle Änderungen ändern nicht eo ipso das Verhalten, dieses kann sich nur allzuleicht unter der Decke veränderter Strukturen fortsetzen. Sicher sind „innen" und „außen" nicht zu trennen, aber die Dynamik muß von innen nach außen gehen. Strukturreformen sind dann fällig, wenn sie sich aus gewachsener gemeinsamer Einsicht und Einstellung ergeben. Dann sind sie freilich auch anzugehen, damit sie nicht überfällig werden. Die Erneuerung des Verhaltens wird und muß zu neuen Verhältnissen führen: von innen nach außen.

„Ein Mensch nimmt guten Glaubens an
er hab das Äußerste getan.
Doch leider Gottes vergißt er nun,
auch noch das Innerste zu tun.“ (Eugen Roth)

Die Veränderung der Verhältnisse beginnt, wo der Mensch sich ändert, ein „neuer Mensch" wird. Jede Hoffnung auf eine menschlichere Welt bleibt Illusion, solange die Menschen die alten bleiben. Schaffen wir uns mit dem Blick auf die ungenügenden Strukturen nur ein Alibi, um uns von der Frage nach uns selbst zu dispensieren? Oder ist das Unbehagen so radikal, daß die Revolution im eigenen Haus beginnt? Suchen wir das Weite, statt beim Nächstliegenden anzufangen, bei uns selbst und beim Nächsten.

Liebe deinen Nächsten ...

Worum es in diesem Auftrag geht, zeigt das Gleichnis vom Weltgericht (Mt 25,31–46). Es stellt den Ernstfall des Glaubens dar, der an den Tag bringt, wie die Dinge wirklich stehen. Der Weltenrichter fragt nicht, welche Theorien jemand hatte über Gott und die Welt. Er fragt allein nach der Liebe. Sie genügt, und sie rettet.

Das ist leichter gesagt als getan. Denn es geht darum, so zu lieben, wie Gott liebt. Er liebt uns nicht deswegen, weil wir besonders tugendsam sind oder weil er etwas von uns haben will; er liebt uns nicht, weil wir gut sind, sondern weil er gut ist. Er liebt uns, obwohl wir ihm nichts zu bieten haben; er liebt uns selbst noch dann, wenn wir heruntergekommen sind bis zum Schweinetrog (Lk 15, 11–32). Christlich lieben heißt, den Weg Jesu nachzugehen: nicht nur den zu lieben, der uns sympathisch ist, der zu uns paßt, und erst recht nicht nur den, der uns etwas zu bieten hat oder von dem wir uns Vorteile erhoffen. Im Sinne Jesu lieben heißt, daß wir gut sind zu dem, der unsere Güte braucht, auch wenn er uns nicht sympathisch ist.

Die Frage, der wir uns stellen müssen, ist ganz einfach. Sie lautet: Worum dreht sich's bei mir? Gott ist über sich selbst hinausgegangen – auf den Menschen zu. Dafür steht der Name Jesus. Er ist für uns der Grund, über uns selbst hinauszugehen auf Gott und die anderen Menschen hin. Das ist wie eine kopernikanische Wende. In einer bestimmten Weise leben wir ja alle noch vor Kopernikus. Nicht nur deshalb, weil wir dem Augenschein nach immer noch davon ausgehen, daß die Sonne auf- und untergeht und sich um die Erde dreht, sondern in einem viel schwerwiegenderen Sinn: Wir denken zumeist, wir selbst seien der Mittelpunkt, um uns müßten sich die Welt und die Menschen drehen. Auch das ist eine Illusion. Christsein ist auf diesem Hintergrund etwas Umwälzendes. Es besteht darin, die kopernikanische Wende zu vollziehen und sich nicht mehr als den Mittelpunkt der Welt zu betrachten. Dann meine ich nicht mehr, die anderen müßten sich um mich drehen, sondern ich sehe mich als eines von vielen Geschöpfen, die sich gemeinsam um Gott als die Mitte bewegen und von ihm gehalten sind. Ich bin nicht selbst der Fixpunkt und auf mich selbst fixiert, ich kann mich den anderen zuwenden. Darin liegt das entscheidend Christliche.

Wenn die Liebe genügt, warum dann die Dogmen, warum die Normen, warum der ganze Glaube? – Wenn wir ehrlich uns selbst gegenüber sind, hat die einfache und befreiende Botschaft von der Liebe zum Nächsten auch etwas Bedrängendes in sich. Denn wer von uns kann sagen, daß er nie an einem Hungernden oder Dürstenden oder an einem anderen Menschen, der ihn gebraucht hätte, vorbeigegangen ist? Wer von uns kann sagen, daß er wirklich gut ist? Wer muß nicht zugeben, daß selbst in der Güte, die er für andere aufbringt, immer noch ein Stück Selbstzufriedenheit drinsteckt. Wer muß nicht zugeben, daß er mehr oder weniger in der vorkopernikanischen Illusion lebt und die anderen vornehmlich in ihrer Beziehung zum eigenen Ich betrachtet? Da kann man schon oft über sich selbst erschrecken.

Hier setzt der Glaube ein. Denn er bedeutet im Grunde nichts anderes, als daß dieses Defizit unserer Liebe aufgefangen ist durch den stellvertretenden Dienst Jesu Christi. Auf den Punkt gebracht, ist der Glaube jener Ort in der Liebe, an dem wir erfahren, daß wir selbst nötig haben, beschenkt zu werden, an dem wir die Verblendung dessen überwinden, der sich selbst genug ist und sagt: Ich habe alles getan, ich habe niemanden nötig. Insofern ist Glaube in der wahren Liebe mit anwesend, so wie in „Glaube" das Wort „Liebe" steckt.

Alles, was uns in den Dogmen begegnet, ist letztlich nur Auslegung: Auslegung der einen entscheidenden und alles zusammenfassenden Grundwahrheit der Liebe Gottes und der Menschen. „Und es bleibt mithin gültig bestehen, daß die wahrhaft Liebenden, die als solche zugleich Glaubende sind, Christen heißen dürfen" (J. Ratzinger).

Gesellschaftliche Konsequenzen

Wir dürfen uns nicht mit einem familiären oder binnenkirchlichen Miteinander zufriedengeben. Was von Jesus ausgeht, betrifft die ganze Gesellschaft, ihre Leitbilder und ihre Organisation. Würde die Kirche von ihrer sozialen Praxis an der Seite der Armen abrücken, verlöre sie ihre Identität. Alle sogenannten Heilswege, denen die Aufmerksamkeit für soziale Zusammenhänge und die praktische Solidarität fehlen, sind Holzwege. Solidarität zeigt, wohin der Christ gehen muß, um bei Christus zu sein.

Ohne Optionen würden wir uns aus dem Anspruch des Evangeliums stehlen. *Die* Option des Evangeliums ist eindeutig: Für die Armen und Schwachen. Für sie vor allem ist Gott „schwach" geworden, für sie hat er eine besondere „Schwäche". Die Kirche kann sich manches leisten, aber sie kann es sich nicht leisten, sagt die Würzburger Synode, von den „Armen und Kleinen" verachtet zu werden. „Sie nämlich sind die Privilegierten bei Jesus, sie müssen auch die Privilegierten in seiner Kirche sein. Sie vor allem müssen sich von uns vertreten wissen. Deshalb sind in unserer Kirche gerade alle jene Initiativen zur Nachfolge von größter Bedeutung, die der Gefahr begegnen, daß wir in unserem sozialen Gefälle eine verbürgerlichte Religion werden, der das reale Leid der Armut und Not, des gesellschaftlichen Scheiterns und der sozialen Ächtung viel zu fremd geworden ist ... Wir werden schließlich unsere intellektuellen Bezweifler eher überstehen als die sprachlosen Zweifel der Armen und Kleinen und ihre Erinnerung an das Versagen der Kirche" („Unsere Hoffnung").

Mit der vorrangigen Option für die Armen fragt die Kirche sich und unsere Wirtschafts- und Sozialordnung, was sie für die Menschen übrig haben, die auf den untersten Stufen der sozialen Skala leben müssen. Sie ist sich selbst nur treu, wo sie sich an die Seite derer stellt, die sich bisher nicht selbst gehören, weil ihr Leben zum Mittel für die Zwecke anderer gemacht worden ist. Die christliche Solidarität mit den Armen ist in der gleichen Würde und gemeinsamen Berufung aller Menschen zum vollen Menschsein begründet. Die Armen sagen uns, wohin wir als Christen gehören, um vor Ort zu sein. Sind wir am richtigen Platz?

„Der Heilige Geist läßt uns immer klarer entdecken, daß Heiligkeit heute den Einsatz für Gerechtigkeit und Solidarität mit den Armen und Unterdrückten erfordert. Die Umgestaltung der Gesellschaft nach dem Plan Gottes gehört zur wahren Heiligkeit des Christen" (Weltbischofssynode 1987).

Unser Glaube verbietet uns, daß wir uns mit den Unmenschlichkeiten unserer Welt abfinden oder gar mit den Machthabern und Systemen menschenverachtender Ungerechtigkeit und Unfreiheit paktieren. Er ermutigt uns zum Einsatz in der Welt, damit Gerechtigkeit für alle Wirklichkeit wird. Er verwehrt uns, uns in den kleinen Maßstäben unserer eigenen Bedürfnisse einzurichten. Wo Unterdrückung und Not sich ins Weltweite steigern, muß die praktische Verantwortung unseres Glaubens und unserer Hoffnung ihre privaten und nachbarschaftlichen Grenzen verlassen.

Die Hoffnung, die wir bekennen, hat ihren Grund in Jesus Christus. „Sie ist so radikal und so anspruchsvoll, daß keiner sie für sich allein und nur im Blick auf sich selber erhoffen könnte ... Gottes Reich zu hoffen wagen – das heißt immer, es im Blick auf die anderen zu hoffen und darin für uns selbst. Erst wo unsere Hoffnung für die anderen mithofft, wo sie also unversehens die Gestalt und die Bewegung der Liebe ... annimmt, hört sie auf, klein und ängstlich zu sein und verheißungslos unseren Egoismus zu spiegeln" (Würzburger Synode, „Unsere Hoffnung"). Unsere Hoffnung bewährt sich darin, daß wir anderen Grund zur Hoffnung geben.

Das Recht des Armen und Fremden nicht beugen

Zu Exodus 23,1–13

(Gehalten in Dachau während des Evangelischen Kirchentags in München 1993)

Dachau – ein Ort der Rechtlosigkeit

Dachau – der Ort, an dem wir uns heute morgen zur Bibelarbeit eingefunden haben – ist nicht irgendein Ort. Bevor wir den Bibeltext zu uns sprechen lassen, wollen wir uns das vergegenwärtigen:

Dachau war das erste Konzentrationslager des Dritten Reiches, vor genau sechzig Jahren als Muster für alle weiteren NS-Lager errichtet. Fast alle der späteren KZ-Kommandanten hatten zuvor in Dachau ihr Henkershandwerk gelernt. Die ehemalige Munitionsfabrik wurde SS-Ausbildungslager und ein Arbeitslager für sogenannte „politische Häftlinge", „Berufsverbrecher", „Asoziale", „Bibelforscher" und „Homo-sexuelle". Das Lager war mit 12 000 Menschen oft überbelegt. Insgesamt waren hier während der Nazi-Jahre mehr als 200 000 Menschen inhaftiert, mehr als 30 000 von ihnen kamen ums Leben. Die Gefangenen waren meist Männer, viele aus Polen und Osteuropa. Als pure „Nummern-Menschen" mußten sie harte Arbeit im Moor und für Rüstungsbetriebe leisten.

Unter den Gefangenen waren 2 720 Geistliche aller Konfessionen. Ab 1940 wurden die vielen osteuropäischen und auch französischen Geistlichen in einem eigenen Block untergebracht. Dort richteten sie eine Notkapelle ein und versammelten sich immer wieder unter schwersten Bedingungen zum Gebet und zum Gottesdienst.

Dachau – hier taten sich Abgründe menschlicher Angst und Not auf, aber auch der Gewalttätigkeit, Grausamkeit und Verlogenheit. Sales Hess (in: „Dachau, eine Welt ohne Gott") charakterisiert das Konzentrationslager so:

„Es gab keine Wahrhaftigkeit. Es gab keine Gerechtigkeit. Der Häftling hatte kein Recht auf Eigentum, auf persönliche Freiheit. Er hatte kein Recht auf Nahrung. Er hatte kein Recht auf Wohnung. Sechs bis acht Häftlinge mußten in den Invalidenbaracken in zwei Betten schlafen. Der Häftling hatte kein Recht auf Kleidung. Niemand hatte ein Recht auf Freude, Spiel oder Unterhaltung. Niemand hatte ein Recht auf gerechte Behandlung. Kein Häftling hatte ein Recht auf Gesundheit. Kein Häftling hatte ein Recht auf sein Leben. Es gab kein Mitleid, keine Barmherzigkeit mit Kranken und Schwachen. Das Revier war ein Ort des Grauens."

Eine Welt ohne Gott. Oder doch, so der Titel eines Artikels des Jesuitenpaters Clemente Pereira 1945: „Christus in Dachau"? Die Todesangst Christi-Kapelle in der Gedenkstätte erinnert daran, daß dieser Ort für viele zum Golgatha wurde, zum Ort der Gottesferne, aber auch zur Gemeinschaft mit dem todwunden Jesus.

Die Autorin Slavenka Drakulic („Sterben in Kroatien. Vom Krieg mitten in Europa") bezweifelt, ob es sich überhaupt anschreiben läßt gegen Angst und Tod, „insofern als Worte nur eine zerbrechliche Hülle sind, ein dünner Mantel, mit dem man sich nicht vor der Realität schützen kann, der Klang eines Steins, der in einen Brunnen ohne Boden fällt". Wenn wir uns jetzt dem Bibeltext zuwenden, so in der Hoffnung, daß uns dieses Wort trotz des Mordens und der Ungerechtigkeit damals und heute Leben schenken kann.

Der Text (Ex 23, 1–13) und der Kontext des Buches, in dem er steht

1 Du sollst kein leeres Gerücht verbreiten. Biete deine Hand
nicht dem, der Unrecht hat, indem du als falscher Zeuge auf-
trittst.
2 Du sollst dich nicht der Mehrheit anschließen, wenn sie im
Unrecht ist, und sollst in einem Rechtsverfahren nicht so aus-
sagen, daß du dich der Mehrheit fügst und das Recht beugst.
3 Du sollst auch den Geringen in seinem Rechtsstreit nicht be-
günstigen. 4 Wenn du dem verirrten Rind oder dem Esel deines
Feindes begegnest, sollst du ihm das Tier zurückbringen.
5 Wenn du siehst, wie der Esel deines Gegners unter der Last
zusammenbricht, dann laß ihn nicht im Stich, sondern leiste
ihm Hilfe!
6 Du sollst das Recht des Armen in seinem Rechtsstreit nicht
beugen.
7 Von einem unlauteren Verfahren sollst du dich fernhalten.
Wer unschuldig und im Recht ist, den bring nicht um sein Le-
ben; denn ich spreche den Schuldigen nicht frei.
8 Du sollst dich nicht bestechen lassen; denn Bestechung
macht Sehende blind und verkehrt die Sache derer, die im
Recht sind.

9 Einen Fremden sollst du nicht ausbeuten. Ihr wißt doch, wie
es einem Fremden zumute ist; denn ihr selbst seid in Ägypten
Fremde gewesen.

10 Sechs Jahre kannst du in deinem Land säen und die Ernte
einbringen;
11 im siebten sollst du es brachliegen lassen und nicht bestellen.
Die Armen in deinem Volk sollen davon essen, den Rest mögen
die Tiere des Feldes fressen. Das gleiche sollst du mit deinem
Weinberg und deinen Ölbäumen tun.
12 Sechs Tage kannst du deine Arbeit verrichten, am siebten
Tag aber sollst du ruhen, damit dein Rind und dein Esel aus-
ruhen und der Sohn deiner Sklavin und der Fremde zu Atem
kommen.
13 Auf alles, was ich euch gesagt habe, sollt ihr achten. Den Na-
men eines anderen Gottes sollt ihr nicht aussprechen, er soll
dir nicht über die Lippen kommen.

Wie wirken diese Gebote und Verbote auf Sie? Wahrscheinlich gerade auf evangelische Christen sehr fremd. Sie stammen aus einer Rechtssammlung, sind Teil des sogenannten Bundesbuches, das nähere Bestimmungen zu den Zehn Geboten enthält. Das Bundesbuch regelt den Bund zwischen Gott und seinem Volk, es ist eine Art „Verfassung“ des Gottesvolkes. Ein Rechtsbuch in der Bibel? In der Tat! Es gehört zum Buch Exodus. Wir sind gut beraten, wenn wir bei unserer Auslegung diesen Zusammenhang beachten.

Exodus – Auszug aus Ägypten. Da kommt Israel her. Es hat die Knechtschaft am eigenen Leib zu spüren bekommen. Es ist aufgebrochen und hat den Pharaonen den Rücken gekehrt. Die Befreiung aus der Sklaverei durch Gottes Tat ist das Ursprungsereignis des Glaubens Israels. Darum sind „Gott“ und „Freiheit“ für dieses Volk untrennbar verbunden. Der Name Gottes bürgt für Freiheit. Jahwe unterdrückt den Menschen nicht, er engt das Leben nicht ein, sondern bringt es zur Entfaltung.

Israel hat sehr genau festgehalten, daß es seine Existenz nicht eigener Leistung verdankt, sondern der schöpferischen Initiative Gottes. Die Gebote sind nicht die Voraussetzung des Exodus, sondern seine Frucht. Sie schützen den Aufbruch in die Freiheit. Das kommt dadurch zum Ausdruck, daß die Zehn Worte der Weisung („Zehn Gebote“) nicht mit Forderungen beginnen. Zu Anfang steht da (vergleichbar den Seligpreisungen zu Anfang der Bergpredigt): „Ich bin Jahwe, dein Gott, der dich aus Ägypten geführt hat, aus dem Sklavenhaus“ (Ex 20, 2). Alle Freiheit des Volkes lebt von dieser bleibenden Vorgabe. Die Gebote haben den einzigen Sinn, das Geschenk der Freiheit zu wahren. Es geht um ein menschenwürdiges Leben aus dem Glauben, um von Gott her legitimierte Rechts- und Schutzbestimmungen, die für das Miteinander von unverzichtbarem Wert sind. Das wird uns besonders hier an diesem Ort bewußt, wo Menschen ihrer fundamentalsten Rechte beraubt wurden.

Auslegung des Textes – heute

Ex 23, 1–13 läßt sich in drei Abschnitte gliedern: Allgemeine Weisungen für das Rechtsleben (1–8); das Recht der Fremden (9); Weisungen für den Lebensrhythmus und allgemeiner Schlußsatz (10–13).

Die Auslegung jedes Abschnitts soll in jeweils zwei Schritten erfolgen: a) im Blick auf den Text, und b) im Blick auf heute.

1. Allgemeine Weisungen für das Rechtsleben

a) Die Verse 1–8 haben eine deutlich erkennbare Struktur: Sie sind spiegelbildlich gestaltet. Die Achse liegt zwischen den Versen 4 und 5. Diese beiden sich entsprechenden Verse sind mehrfach umrahmt von den Verspaaren 3/6, 2/7, 1/8.

Den Verspaaren 1/8 und 2/7 geht es um Grundsätze, wie ein gerechtes Urteil zu finden ist. Die Anfangsverse nehmen die Zeugenrolle in den Blick, die Endverse beziehen sich auf Urteilsspruch und Vollstreckung. Die an Rechtsprozessen Beteiligten sollen sich nicht nur vor Gerücht und Falschaussage (1), sondern auch vor der Verführbarkeit durch die Menge (2) hüten. Die rabbinische Auslegung durch Rabbi Hertz schärft die Unabhängigkeit vom Druck der Mehrheit ein: „Du mit Gott und dem Recht – das ist die wahre Mehrheit." Vers 7 verbietet Lüge und Vollstreckung eines ungerechten Todesurteils. Zur Begründung ist eine unmittelbare Gottesrede angefügt: „Denn ich lasse die schuldige Person nicht als gerecht dastehen." Dieser wichtige Begründungssatz gibt eine doppelte Zusage: Selbst wenn ein Gericht einen Unschuldigen schuldig, einen Bösen aber freispricht, wird Gott im Gericht den Schuldigen nicht freisprechen; und Gott wird denjenigen, der ein falsches Urteil spricht, nicht für unschuldig halten. Vers 8 wendet sich unmittelbar an die Richtenden, warnt vor Verblendung durch Bestechungsgelder.

Das Verspaar 3/6 klagt das Recht der Armen und Schwachen ein. Verlangt wird eine absolute Unparteilichkeit, Arme sollen weder bevorzugt noch benachteiligt werden. Vers 3 spricht gegen eine romantisierende, nur allzuleicht gönnerhafte Haltung gegenüber den Armen. Statt Begünstigung ist das Recht gefragt. Den Armen Recht einzuräumen, ist von höchster Bedeutung, zumal in einer Gesellschaft, deren Solidarität sich nach Abstammung und Verwandtschaft bemißt. Das Hebräische verwendet in den Versen 3 und 6 unterschiedliche Bezeichnungen. In Vers 3 ist von den Geringen die Rede, von freien, als Pächter arbeitenden, in wirtschaftlicher und politischer Hinsicht wenig einflußreichen Kleinbauern; Vers 6 spricht von den armen, grundbesitzlosen, abhängigen Lohnarbeitern. Nimmt man Vers 3 und 6 zusammen, so scheint in der Praxis eine Bevorzugung der Kleinbauern vorzukommen gegenüber den Lohnarbeitern. Und das soll, so fordern Vers 3 und 6, nicht so sein (Schwienhorst-Schönberger). Insgesamt läßt der Text soziale Konflikte erkennen. Es gibt mehrere Stichwortverbindungen zu den Texten des Buches Amos (5, 10–12). Exodus 23 übernimmt die Situationsbeschreibung und Anklage des Amos, wendet sie speziell auf Fragen der Gerechtigkeit und des Gerichtsverfahrens an und formuliert sie zu Vorschriften.

Als Zentrum des Abschnittes, schon formal von den

anderen Versen abweichend („Wenn du"), verlassen die Verse 4 und 5 den Bereich der Rechtsprechung; sie weiten den Blick auf die im Alltag geforderte Solidarität, die auch dem Feind oder Hasser geschuldet ist, dem Gegner vor Gericht oder jeglicher Person, der man mit Abneigung gegenübersteht. Es geht um Konfliktbegrenzung, um eine Praxis der Entfeindung. Dabei wird die Zuwendung zu den Tieren nachdrücklich unterstrichen.

b) Zwar werden die meisten von uns eher selten mit Rechtsverfahren befaßt sein, aber die Fragen der Gerechtigkeit und Wahrheit gehen uns unmittelbar an. Auch heute werden Arme benachteiligt, herrscht ein Mehrheitsdruck, besticht die Macht des Geldes, mangelt es an Solidarität mit den Fremden, mit der Schöpfung. Die Anforderungen der Gegenwart machen eine eigenständige Suche nach Antworten nötig. Dennoch kann gerade bei dieser Suche die biblische Erfahrung Orientierung bieten. Wohin wir kommen, wenn Recht und Gerechtigkeit gebrochen und die Wahrheit unterdrückt wird, daran werden wir hier in Dachau erinnert, aber auch bei jeder Menschenrechtsverletzung in der Welt. Einige Denkanstöße auf dem Hintergrund des Textes:

– Dem KZ-Häftling Erni Levi kommt kurz vor dem Gastod diese Geschichte des Rabbi Chanina ben Teradion in den Sinn (nach André Schwarz-Bart, „Der Letzte der Gerechten"): „Als der mildherzige Rabbi von den Römern in die Thorarolle eingehüllt auf den Scheiterhaufen geworfen worden war, weil er den Talmud gelehrt hatte, und man die Reisigbündel anzündete, deren Äste noch grün waren, damit die Marter länger dauere, fragten die Schüler ihn: ‚Meister, was siehst du?' Und Rabbi Chanina antwortete: ‚Ich sehe, wie das Pergament brennt, aber die Buchstaben fliegen davon.'" – Aus dieser Geschichte spricht die Überzeugung, daß der verbindliche und bindende Buchstabe nicht tötet, sondern unzerstörbares Leben in Freiheit bedeutet. Das mag für uns Christen befremdlich sein. Wir spielen nur allzuleicht den Buchstaben gegen den Geist und die Gerechtigkeit gegen die Liebe aus. Wir können von Israel lernen, daß es nicht angeht, Liebe auf Kosten der Gerechtigkeit aufzuwerten. Israel ist Botschafter des gerechten Gottes.

– Max Horkheimer hat als Quintessenz seiner kritischen Theorie von der Sehnsucht gesprochen, „daß der Mörder nicht über das unschuldige Opfer triumphieren möge". Seine „Sehnsucht nach dem ganz Anderen" ist die Sehnsucht nach universaler Gerechtigkeit für die Welt. Sie spricht aus dem Satz: „Ich lasse die schuldige Person nicht als gerecht dastehen" (7). Nicht nur die Liebe, auch die Gerechtigkeit ist stärker als der Tod. Sie bürgt für die Gewißheit der Maßstäbe, mit denen wir das Gute gut und das Böse böse nennen. Sie fordert uns heraus in unserer Lebensverantwortung vor Gott. Sie ermuntert uns zum Widerstand gegen ungerechte Verhältnisse, zum Aufstand für die Gerechtigkeit.

– Gerechtigkeit meint anderes als Almosen. Der Unterschied ist folgenreich. Dom Helder Camara hat wiederholt auf folgende Diskrepanz hingewiesen: Wer freigebig an die Armen Brot austeilt, gilt als Heiliger. Wer sagt, daß Arme ein Recht auf Brot haben, gilt als gefährlich. Dieser Gefahr kann niemand entgehen, der sich der Gerechtigkeit verpflichtet weiß. Auf sie sind wir durch den Text verwiesen: „Du sollst das Recht deiner Armen nicht beugen in ihrem Rechtsstreit" (6). Diesen Satz haben wir heute im Weltmaßstab auszulegen. Mit zunehmender Deutlichkeit erfahren wir, daß die Grenzen der wirtschaftlichen Expansion, die Grenzen des Energieverbrauchs eine wirtschaftliche Entwicklung aller Länder auf jenes Niveau, das wir gegenwärtig haben und genießen, nicht zulassen. „Wenn alle Menschen einen skandinavischen Lebensstandard hätten, könnte die Erde nur 500 Millionen Einwohner tragen" (Aussage der Vertreterin Schwedens bei einer gemeinsamen Konferenz von UNCED und WHO). Was heißt Gerechtigkeit, wenn es von vornherein unmöglich ist, daß alle Menschen unser „Niveau" erreichen? Das ist Schrägverteilung im Weltmaßstab! Sie ist noch viel ungeheuerlicher als die Schrägverteilung in unserem Land. Wenn wir uns in den Entwicklungsfragen so engagieren würden wie in den Verteilungskämpfen im eigenen Land, wären wir in Sachen Gerechtigkeit ein Stück weiter.

– Die Gerechtigkeit wird oft als Frau dargestellt, die mit verbundenen Augen eine Waage in der Hand hält. Justitia soll die Personen nicht sehen, die den Rechtsstreit führen. Nicht Ansehen, Sympathie oder Antipathie, sondern allein die vorgebrachten Argumente und Beweise sollen zum Urteil führen. Was aber, wenn die Argumente und Beweise der Parteien nicht der Wahrheit entsprechen, wenn Wichtiges verschwiegen wird? Ohne Kenntnis der Wahrheit kann Justitia kein gerechtes Urteil sprechen. Die besten Gesetze nützen nichts, wenn die Wahrheit unterschlagen oder verdreht wird. 80 % der Jugendlichen hierzulande meinen, von Politikern nur betrogen zu werden (Jugendstudie 1992). Die Nachrichten sprechen täglich von Betrügereien, Skandalen, übler Nachrede, Rufmord, von der Verstrickung der Parteien in die Interessen einflußreicher Lobbys, von der Bestechung von Abgeordneten, von Korruption, Schmiergeldaffären. Auch in unserem persönlichen Leben gibt es

Klatsch, Diffamierungen, falsche Kompromisse, Schönfärberei und Irreführung. – Unsere Informationen beziehen wir größtenteils über die Medien aus zweiter oder dritter Hand. Je mehr Hände sie durchlaufen hat, desto mehr Manipulation hat der Wahrheit zugesetzt. Kurzum, wir leben in einem Klima des taktischen Umgangs mit der Wahrheit, also ihrer Zersetzung, der Verlogenheit auf Kosten des gegenseitigen Vertrauens. Die Wahrheit ist der Beliebigkeit preisgegeben. Sie wird entsprechend der individuellen Logik eigener Bedürfnisse und der allgemeinen Logik der Ökonomie zurechtgestutzt.
Die Rechtssätze aus dem Bundesbuch erinnern uns daran, daß wir einander die Wahrheit schulden. „Die Wahrheit ist zumutbar" (I. Bachmann). Es gibt so etwas wie ein Recht, ein Menschenrecht auf Wahrheit. Die Opfer von Entrechtung und Lüge allerorten fordern, daß ihre Wahrheit zu ihrem Recht komme, so schrecklich sie auch sei, gerade darum.

Wahrheit verlangt, sich einzumischen und Farbe zu bekennen, auch wenn man Nachteile einstecken muß. Der jüdische Rabbi Nachman aus Bratzlav sagt dazu: „Der Sieg kann die Wahrheit nicht ertragen, und selbst wenn das, was wahr ist, klar vor seinen Augen liegt, du wirst es zurückweisen, weil du ein Sieger bist. Wer immer die Wahrheit selbst haben will, muß den Geist des Sieges austreiben; nur dann kann er sich rüsten, die Wahrheit zu bewahren."

2. Das Recht der Fremden

a) „Mein Vater war ein heimatloser Aramäer. Er zog nach Ägypten, lebte dort als Fremder ..." (Dtn 26,5). So beginnt das Gebet, mit dem die Israeliten vor den Altar treten. Daß sie inzwischen im Fruchtland am Jordan wohnen und Heimat von Gottes Gnaden gefunden haben, läßt sie nicht vergessen, woher sie kommen und aus welcher Geschichte sie leben. Die Erfahrung des Fremdseins reicht noch hinter Ägypten zurück. Die sogenannten Stammväter Abraham, Isaak und Jakob und die mit ihnen ziehenden Stammütter Israels waren als Fremde unterwegs, und gerade in ihrer Verwiesenheit auf Gott Trägerinnen und Träger der Zukunft – im Kontrast zu den etablierten Stämmen und Nationen. Diese Vorgeschichte und die Erfahrung in Ägypten verweisen die Israeliten im Fruchtland darauf, daß das Hier und Jetzt kein garantierter Besitz ist, schon gar nicht Privatbesitz aus eigener Leistung, sondern eine Station auf dem Weg. Ihre Geschichte läßt sie auch im Fruchtland sensibel bleiben für die Fremden in ihren je unterschiedlichen Lebenssituationen.

Den Flüchtlingen und „Wanderern" gegenüber gilt unbedingte Gastfreundschaft, die Gastgeber sind zum Schutz der Gastfreunde verpflichtet. Eine Zerstörung der Gastfreundschaft galt in Israel als ein ungeheures Verbrechen (Ri 19,30). Die Gewährung des Gastrechtes wurde als Bewährung der Gottesfurcht den Menschen gegenüber angesehen.

Für diejenigen Fremden und Flüchtlinge, die auf Dauer im Lande blieben, wurden besondere Schutzbestimmungen aufgestellt (vgl. Ex 22,20–26); Gott springt für die Fremden gleichsam in die Bresche des ihnen fehlenden verwandtschaftlichen Schutzsystems. Nach allgemein orientalischer Vorstellung ist die Gottheit Rechtsbeistand für Witwen, Waisen und Arme. Diese Trias wurde in Israel erweitert auf die Fremden. Die Achtung und der Schutz der Fremden ist ein besonderes Merkmal des Volkes Gottes.

Die Erinnerung an die Fremden im Zusammenhang

Ex 23 betont, daß den Fremden gerade auch im Rechtsverfahren Gerechtigkeit geschuldet ist. Auch wenn es Fremden nicht erlaubt war, in der Rechtsgemeinde mitzuwirken, so durften sie dennoch nicht um ihr Recht gebracht werden. Das wird mit der eigenen Erfahrung Israels im Lande Ägypten begründet: „Fremde sollt ihr nicht bedrängen, weil ihr selbst das Leben von Fremden kennt, denn ihr seid im Land Ägypten Fremde gewesen" (Ex 23, 9). Wörtlich heißt es: „Denn ihr kennt die Seele der Fremden." Die Erinnerung an die eigene Vergangenheit soll das Handeln bestimmen.

Was das positiv heißt, ist später im dritten Buch Mose, im Buch Levitikus fortentwickelt: „Ihr sollt die Fremden lieben wie euch selbst" (Lev 19, 34), es gelte: „Gleiches Recht für euch und für die Fremden, die bei euch leben" (Lev 15, 15 und 16).

b) In seinem Essay „Die große Wanderung" hat H. M. Enzensberger eine alltägliche Situation als Modell für den Umgang mit Fremden beschrieben: Zwei Passagiere haben sich in einem Eisenbahnabteil häuslich eingerichtet und Tischchen, Kleiderhaken und die übrigen Sitze für sich in Beschlag genommen. Die Tür öffnet sich, und zwei neue Reisende treten ein. Die inzwischen Etablierten ärgern sich. Sie betrachten das Abteil als ihr Territorium. Das müssen sie nun mit anderen teilen. Sie denken wie Alteingesessene, die den ganzen Raum für sich beanspruchen. Mit deutlichem Widerwillen werden die freien Plätze geräumt und die Gepäckstücke auf den Ablagen zusammengerückt. Dabei verhalten sich die ersten Fahrgäste, obwohl sie sich gar nicht kennen, eigentümlich solidarisch.

Eine solche Auffassung ist, wie Enzensberger feststellt, rational nicht zu begründen. Sie ist offenbar tief in unseren Verhaltensmustern eingeprägt. Umgangsformen und bestimmte Verhaltensregeln – hier für die Bahn – bändigen unsere Ängste und Aggressionen gegenüber den Neuen, den Fremden.

In den vergangenen Jahrzehnten schien dies auch auf den Umgang mit Fremden in unserem Land zuzutreffen. Seit der in verschiedenen Wahlkämpfen angekurbelten „Asyldebatte" und vor allem nach der Wiedervereinigung wurde deutlich, daß Höflichkeitsformen und bestimmte Verhaltensnormen brüchig werden können. Wo die Dämme der Angst brechen, wo Ängste ein zerstörerisches Eigenleben entfalten und Gewalttaten ein Land geradezu überschwemmen, können Christen nicht tatenlos zuschauen. Wir sind gerufen, die Flut der Gewalt einzudämmen. Eine neue Kultur im Umgang mit den Fremden zu entwickeln, die unsere Unsicherheitsgefühle und Bedrohungsängste wahrnimmt und bändigt, dafür sind Christen durch ihren Glauben ausgerüstet.

Enzensberger bemerkt am Ende seines Modells, daß die Szene absurde Züge zeige, da ja ein Eisenbahnabteil ein Ort sei, der nur dem Ortswechsel dient, der Passagier ja gerade das Gegenteil des Seßhaften sei. Als Christen können wir die Spitze der Aussage gut nachvollziehen. Wir wissen ja: „Wir sind nur Gast auf Erden ..." Christen sind Menschen, die daheim noch Heimweh haben. Je etablierter wir sind, desto härter und stumpfer werden wir gegenüber Menschen aus anderen Ländern. Wer die Heimat hier und jetzt zum ewigen Privatbesitz oder zur unwiderruflichen Erbpacht erklärt, der überschätzt sich selbst und die Gestalt dieser Weltzeit. Wir sind unterwegs. Diese Erde ist nicht unsere ewige Heimat. Weil wir selbst „Fremde und Gäste sind in dieser Welt" (1 Petr 2, 11), dürfen wir die Fremden nicht abweisen. Sie sind Menschen wie wir. Und sie tragen die Züge Christi:

„Ich war fremd, und ihr habt mich aufgenommen" (Mt 25,35). Unsere Verantwortung für die Fremden und Flüchtlinge, für die sogenannten Ausländer erschöpft sich nicht in moralischen Appellen, die zur Wohltätigkeit mahnen. Es geht vielmehr um unsere christliche Identität. Christen sind Menschen unterwegs: „Sie wohnen zwar in ihrer Heimat, aber wie Zugereiste aus einem fremden Land. An allem haben sie teil wie Bürger, ertragen aber alles wie Fremde. Jede Fremde ist ihnen Heimat und jede Heimat Fremde ..." (Diognetbrief). So heimatlich diese Erde für uns ist und sein kann, wir haben hier keine bleibende Stätte, wir erwarten „die Stadt mit den festen Grundmauern, die Gott selbst geplant und gebaut hat" (Hebr 11,10). Nur der kann letztlich dem Fremden gerecht werden, der sein eigenes Fremdsein erkennt und akzeptiert. Dann versteht er, wie es dem Fremden zumute ist (Ex 23,9).

In einem Artikel über die Arbeit im Bundesamt für Anerkennung politischer Flüchtlinge war zu lesen, daß manche der Entscheider in ihrem Urlaub in eines der Länder fahren, aus denen ihnen tagtäglich Flüchtlinge vorgestellt werden. Mancher hat nach einer solchen Reise aus persönlicher Betroffenheit seine Arbeitsstelle gewechselt. Wenn wir die Not der Flüchtlinge wirklich wahrnehmen, dann spüren wir, daß wir mit einer Asylpolitik, die vor allem auf Abschottung setzt, und einer Ausländerpolitik, die jahrzehntelang nur auf billige Arbeitskräfte ausgewesen ist, der Weltsituation nicht gerecht werden.

Wir können uns die Not und das Elend der übrigen Welt nicht vom Halse halten, wir können nicht so tun, als lebten wir in unserem Land auf einer Insel der Sicherheit und des Wohlstandes. In Wirklichkeit rücken uns mit den Flüchtlingen zugleich die Ursachen ihrer

Flucht auf den Leib: Menschenrechtsverletzungen, Verfolgung und Benachteiligung, Ungerechtigkeit und Armut. Es darf nicht sein, daß Menschen, die in ihrer Heimat einem Ort wie Dachau entkommen sind, bei uns keine Aufnahme finden. – Dieser Ort erinnert ja nicht nur an eine Zeit, in der die Menschenwürde mit Füßen getreten wurde. Er verpflichtet zugleich, weltweit für eine wirksame Durchsetzung der Menschenrechte einzutreten. Die deutsche Politik muß deshalb die Verwirklichung der Menschenrechte an die erste Stelle setzen und darf sich nicht vom Diktat vermeintlicher wirtschaftlicher Sachzwänge beherrschen lassen. Wer Menschenrechtsverletzungen in der Türkei, China, Indonesien oder anderen Staaten schweigend übergeht, darf sich nicht wundern, wenn die Betroffenen hierzulande um Asyl nachsuchen.

Unter dem Eindruck, wie mit Menschen in Dachau und überhaupt durch die NS-Diktatur umgegangen wurde, ist der Asylartikel in unser Grundgesetz aufgenommen worden. Er gehört zu den Gütesiegeln unserer Verfassung. Wir müssen deshalb achtgeben, daß die Verhinderung des Mißbrauchs nicht zu einer Verhinderung des Gebrauchs des Asylrechts führt. Die Kirchen können sich von der Rolle der unbequemen Mahnerin in dieser Angelegenheit nicht dispensieren. Wie wir eben gelesen haben, gehören die Aufforderungen zum Schutz der Fremden und zur Achtung ihrer Rechte zum Urgestein der biblischen Botschaft. Sie sind auch heute eine Herausforderung zur Solidarität mit Flüchtlingen und Ausländern.

3. Weisungen für den Lebensrhythmus

a) In jedem siebten Jahr soll das Land nicht bearbeitet werden, an jedem siebten Tag soll Arbeitsruhe herrschen. Auffallend ist beidemal die soziale Begründung: Die Armen, Sklaven und Fremden, auch die Tiere sollen Nahrung finden und sich erholen können.

Der siebte Tag als allgemeine Arbeitsruhe für alle scheint im Alten Orient ein Charakteristikum Israels gewesen zu sein. Er ist Ausdruck der Exodus-Freiheit. Auch die Sklaven und Fremden durften vor Gott und dank seines Erbarmens „aufleben" (12), aufatmen wie Israel. Arbeitsruhe und Brachlassen des Landes gehören konstitutiv zu einem gerechten, auf Gott gründenden Leben. Sie sind notwendige Unterbrechungen. Sie erinnern daran, daß die Menschen durch Gott befreit sind und ihre Zeit und ihr Leben letztlich von Gott empfangen; sie machen sich nicht selbst (vgl. Lev 25, 20 f).

Ex 23, 13 rundet die Verbote und Gebote für den Bereich von Recht und Gerechtigkeit ab mit dem Basisgebot. Verstöße gegen Wahrheit und Gerechtigkeit sind also gleichbedeutend, ja sie gipfeln in der Verehrung anderer Götter. Indem falsches Zeugnis gegeben wird, werden falsche Gottheiten verehrt; und indem andere Gottheiten angerufen werden, wird die Ordnung der Gerechtigkeit zerstört. Das Fremdgötter-Verbot schlägt die Verbindung zum ersten der Zehn Gebote, zum Bilderverbot am Anfang des Bundesbuches (Ex 20, 22 f) und zum Gebot der Alleinverehrung Gottes im Zentrum des Bundesbuches (Ex 22, 19).

b) In der Nazizeit soll ein kleines Mädchen auf die Frage eines älteren Herrn, ob sie denn zu einer bestimmten Veranstaltung der Hitlerjugend freiwillig gehe oder ob das Pflicht sei, geantwortet haben: „Ha, wir müsset halt freiwillig." Freie Zeit war für totalitäre Systeme, seien sie faschistisch oder kommunistisch, immer eine Gefahr. Die Menschen könnten ja zum Nachdenken kommen, könnten ihre eigenen Wege gehen ... Dem wurde vorgebeugt durch ein breitgefächertes Angebot von Freizeitgestaltung, oder es wurden, wie in Dachau, die Sonntage und kirchlichen Feiertage den Werktagen gleichgemacht. Täglich Appell, täglich Arbeit, Freizeit nur in Minuten. Eine totale Verplanung des Menschen! Nicht Muße, sondern Beschäftigung sollte die Freizeit ausfüllen. Hauptsache, es kommt niemand auf „dumme Gedanken".

Gottes Herrschaft ist nicht totalitär. Sie kann den Menschen Pausen und Unterbrechungen gönnen, weil sie nicht fürchten muß, entlarvt zu werden. Gottes Herrschaft steht quer zu den Herrschaften, die meinen, sie seien der Herr und sonst niemand. Der jüdische Sabbat und der christliche Sonntag stehen für diese Freiheit, die die Herrschaft Gottes ermöglicht. Sie ist auch heute gegen eine die letzten Freizeitwinkel beanspruchende Medienkultur und eine expandierende Freizeitindustrie zu verteidigen.

Die Sabbatruhe unterbricht den Zwang des Menschen zur Leistung. Er hört auf, Knecht seines Erfolges zu sein. Seinem Gestaltungsdrang, mit dem er oft genug die Schöpfung verunstaltet und zerstörerisch in das Leben anderer Kreaturen eingreift, wird Einhalt geboten. Am Sabbat soll nicht nur der Mensch ruhen, auch die übrigen Kreaturen sollen vor ihm Ruhe haben. Der jüdische Sabbat und der christliche Sonntag geben uns eine institutionelle Chance, unser Dasein als Zusammensein und Zusammenleben zu erfahren, auch mit der ganzen Kreatur und vor allem mit Gott.

Ununterbrochene Arbeit ist das Werk von Sklaven. Wer den arbeitsfreien Sonntag um ökonomischer Vorteile willen abschaffen will, verletzt Würde und Freiheit des Menschen; und wer den arbeitsfreien Sonntag individualisiert, zerstört Grundlagen der Solidarität. Um der

Freiheit und Solidarität willen bedarf es einer gemeinsamen Zeit des Atemholens.

Unser Bibeltext und Dachau mit seiner Geschichte wollen uns aufrütteln, uns nicht vor den gefährlichen Bereichen der gesellschaftlichen und politischen Verantwortung zu drücken, uns nicht anzupassen oder eine Nische zu suchen. Sie sind ein Appell, persönlich und solidarisch Verantwortung wahrzunehmen für Wahrheit und Gerechtigkeit weltweit. Wir sind aufgefordert, nach unseren jeweiligen Möglichkeiten für Respekt einzutreten vor dem Recht jeder Person, vor ihrem Anderssein. Gerichtsurteile werden heute im Namen des Volkes, also in unserem Namen gesprochen, auch Ausweisungsurteile gegen Asylsuchende, auch Inhaftierungsurteile gegen Drogenkranke. Können wir uns beruhigt zurücklehnen und wichtige Entscheidungen einfach anderen überlassen? Wenn wir auf Gott vertrauen und unsere private und öffentliche Verantwortung für Recht und Wahrheit wahrnehmen, können wir trotz Dachau mit den Psalmisten hoffen: „Herr, du verschaffst den Bedrückten Recht. Kein Mensch mehr verbreite Schrecken im Land“ (Ps 10,18). – „Denn der Herr hat das Recht lieb“ (Ps 37,28).

Den Nächsten mordet, wer ihm den Unterhalt nimmt

Zu Jesus Sirach 34, 21–27

Hinführung

Als im Jahr 1493 das Schiff des Christoph Kolumbus im Hafen von Sevilla anlegte und die Botschaft von der „Entdeckung" Westindiens mitbrachte, stand ein neunjähriger Bub an der Kaimauer und betrachtete neidvoll die Männer, die aus einer bis dahin unbekannten, geheimnisvollen Welt zurückgekehrt waren. Als Kolumbus sechs Jahre später von seiner zweiten Reise in die Neue Welt zurückkehrte, war aus dem Kind ein Junge von fünfzehn Jahren geworden, der an der Kathedralschule Latein und Recht studierte. Diesmal war seine Erwartung gespannter, denn sein Vater war mit bei den Seefahrern. Was wird er erzählen? Ob er wohl etwas mitgebracht hatte? Der Vater hatte sich eine besondere Überraschung ausgedacht: einen jungen Burschen vom Stamm der Taino als Spielgefährten ...

Der so seltsam Beschenkte hieß Bartolome de Las Casas. Der Bibeltext, den wir hier erarbeiten, hat sein Leben verändert.

Durch die Erzählungen des Vaters neugierig geworden, ließ Las Casas sich 18jährig für den Militärdienst in Amerika anwerben, betrat 1502 in Santo Domingo den Boden der Neuen Welt und begann seine Karriere im Kampf gegen die Eingeborenen. Für seine Verdienste erhielt er eine „Encomienda" zugeteilt.

„Encomienda" hießen die Landgüter, die den spanischen Konquistadoren und Kolonisten in Amerika anvertraut (encomendar) wurden. Damit war ein doppelter Zweck verknüpft: Die „Encomenderos" durften den Indios Tribute oder Arbeitsleistungen abverlangen und waren zugleich verpflichtet, für den Schutz, den Lebensunterhalt und die Christianisierung der ihnen Anvertrauten zu sorgen. Diese Verbindung von Nutznießung erzwungener Arbeit und Missionierung war der Lebensnerv der spanischen Kolonisation.

In der Praxis führte dieses System dazu, daß die spanischen „Encomenderos" die Indios „wie die Tiere des Feldes" zur Arbeit auf ihren Landgütern ausnutzten, ohne den eingegangenen Verpflichtungen auch nur im entferntesten nachzukommen.

Auf der „Encomienda" des Bartolome de Las Casas war es wohl nicht viel anders, nur etwas barmherziger. Ihr Besitzer hatte sich inzwischen auf einer Reise nach Rom zum Priester weihen lassen und hatte an der Eroberung Kubas als Feldkaplan mitgewirkt. Bei der Vorbereitung der Pfingstpredigt im Jahre 1514 stieß Las Casas auf einen Weisheittext des Alten Testaments:

„21 Ein Brandopfer von unrechtem Gut ist eine befleckte Gabe,
22 Opfer der Bösen gefallen Gott nicht.
23 Kein Gefallen hat der Höchste an den Gaben der Sünder,
auch für eine Menge Brandopfer vergibt er die Sünden nicht.
24 Man schlachtet den Sohn vor den Augen des Vaters,
wenn man ein Opfer darbringt vom Gut der Armen.
25 Kärgliches Brot ist der Lebensunterhalt der Armen,
wer es ihnen vorenthält, ist ein Blutsauger.
26 Den Nächsten mordet, wer ihm den Unterhalt nimmt,
27 Blut vergießt, wer dem Arbeiter den Lohn vorenthält."

Diese Worte trafen Las Casas ins Herz, kehrten ihn um. Er verzichtete auf seine „Encomienda" und hörte ab sofort nicht mehr auf, die Eingeborenen zu verteidigen und seine Landsleute wegen ihres Unrechtes anzuprangern. Er wurde zur Stimme des Gewissens in der Neuen Welt. Reinhold Schneider hat in seinem Werk „Las Casas vor Karl V." diese Stimme in der Zeit der nationalsozialistischen Diktatur wieder zum Sprechen gebracht.

Der Text Jesus Sirach 34, 21–27

Was ist das für ein Text, der eine so tiefgreifende Bekehrung auslöste? Es lohnt sich, die einzelnen Zeilen genauer anzusehen, um zu verstehen, welche Wirkung er ausgelöst hat und bis heute auslösen kann.

Der Verfasser dieses Textes wird in Sir 50, 27 und 51, 30 als ein Weisheitslehrer namens „Jesus, Sohn Eleasars, des Sohnes Sirachs" bezeichnet. Die Septuaginta, die griechische Bibel, setzt noch hinzu „Bürger von Jerusalem". Das gibt uns einen Hinweis auf den Entstehungsort, der durch die zahlreichen Hinweise auf den Tempelkult im Text gestützt wird. Als Abfassungszeit kommen nach den einleitenden Vorbemerkungen des griechischen Übersetzers, der sich als Enkel des Verfassers bezeichnet, die Jahre um 180 v. Chr. in Betracht. Es gibt Anhaltspunkte dafür, daß der Verfasser ein Lehrer war (51, 29: „Eure Seele freue sich an meinem Lehrstuhl"; 24, 33: „Ich gieße Lehre aus wie Prophetenworte").

Er war Lehrer in einer schwierigen Zeit. Die Verhältnisse forderten zu Stellungnahme und Bekenntnis heraus. Nach dem Feldzug Alexanders des Großen waren die Juden dem Einfluß der hellenistischen Kultur ausgesetzt. Sie mußten sich entscheiden, ob sie sich der neuen Kultur anpassen oder an ihren alten Bräuchen festhalten sollten. Und die einen entschieden sich so, die anderen so. Der Konflikt ging quer durch das Volk.

Dazu standen die Juden seit der Eroberung Jerusalems

durch die Babylonier unter Fremdherrschaft. Nach der Herrschaft der Neubabylonier, Perser, Makedonen und Ptolemäer waren es zur Zeit des Jesus Sirach die Seleukiden, die das jüdische Volk beherrschten. Zwar gab es eine lokale Selbstverwaltung unter einer relativ schwachen seleukidischen Herrschaft, aber es gab auch Kreise, die auf eine nationale Selbständigkeit hofften.

Jesus Sirach schreibt in dieser Zeit eine Sammlung von Sprüchen und Lebensweisheiten. Nicht nur in Israel gab es solche Sammlungen wie das Buch der Weisheit, Kohelet oder das Buch der Sprichwörter. Auch aus Ägypten, Mesopotamien und Syrien sind solche Texte überliefert. Wahrscheinlich dienten sie in den Schreibschulen zum Auswendiglernen, als Diktiervorlagen und für Abschreibeübungen, die dem Schüler einen Schatz von Orientierungen für das Leben mitgeben sollten.

Jesus Sirach geht freilich über die traditionelle Weisheitsliteratur hinaus. Er trägt deutlich politische Züge. Das zeitlos Gültige hat er auf seine eigene Zeit bezogen. „Gott stürzt den Thron der Stolzen und setzt an ihre Stelle die Demütigen“, sagt er (10, 14); und im Vers vorher spricht er von „Wundern und Plagen“, davon, daß die Sünder bis zur Vernichtung geschlagen werden. Mit dieser Anspielung auf die ägyptischen Plagen und die Vernichtung des Pharao hat er die syrisch-seleukidische Oberherrschaft im Blick. Aber von einer politischen Tätigkeit Sirachs wissen wir nichts, und eine offene antisyrische Propaganda läßt sich aus seinen Versen nicht herauslesen. Wahrscheinlich haben die Zeloten, die sich im Kampf gegen die Römer nach Massada zurückzogen, die Sirachrolle, deren Überreste die Archäologen in den Verstecken der Belagerten entdeckten, politischer interpretiert. Aber in der Zwischenzeit war auch viel Blut geflossen, und die Herrschaft der Römer war härter spürbar als die der Seleukiden zur Zeit des Jesus Sirach.

Bei der Betrachtung des Textes fällt zunächst auf, daß die Leitworte aus zwei verschiedenen Sphären stammen. Begriffe wie Brandopfer, befleckte Gabe, schlachten, Blut vergießen, darbringen, Gefallen Gottes, Sündenvergebung verweisen auf den religiös-kultischen Bereich. Eine andere Wortkette entstammt der Sprache des Juristen: unrechtes Gut, Gut der Armen, Lebensunterhalt, Arme, Arbeiter, morden, Lohn vorenthalten, Unterhalt wegnehmen. Die Sprache des Gesetzes und die Sprache der Religion sind in diesen Versen kunstvoll miteinander verbunden. Damit ist gesagt: Unstimmigkeiten in der einen Sphäre bleiben nicht ohne Auswirkungen auf die andere. „Ein Brandopfer von unrechtem Gut ist eine befleckte Gabe" (21). Also: Ein Verstoß gegen die soziale Gesetzgebung wirkt zugleich als Verstoß gegen die kultischen Regeln. Kult und Recht hängen zusammen wie zwei kommunizierende Röhren.

„Kärgliches Brot ist der Lebensunterhalt der Armen; wer es ihnen vorenthält, ist ein Blutsauger" (25). Blutsauger ist hier wörtlich zu verstehen. Religionsgeschichtlich ist der Genuß von Blut als Aneignung von Lebenskraft häufig anzutreffen. Israel hat sich dagegen deutlich abgesetzt. In Gen 9,3 f wird im Rahmen der Ordnung, die Noah nach der Flut gegeben wird, in aller Strenge der Genuß von Tierblut verboten („Alles Lebendige, das sich regt, soll euch zur Nahrung dienen ... Nur Fleisch, in dem noch Blut ist, dürft ihr nicht essen"). Das Blut gilt als Sitz des Lebens. Der Mensch aber ist nach dem Glauben Israels nicht der Souverän des Lebens, deshalb steht ihm das Blut nicht zu. Im Schächten, bei dem das Tier völlig ausblutet, hat dieser Glaube seine rituelle Form gefunden.

„Den Nächsten mordet, wer ihm den Unterhalt nimmt; Blut vergießt, wer dem Arbeiter den Lohn vorenthält" (26). Mord ist für den Israeliten nicht nur ein Rechtsbruch. Durch das Blutvergießen kommt der Mörder in den Bereich des Todes und wird zugleich kultisch unrein. Er verliert seine Kultfähigkeit. Das heißt, er kann nicht mehr an dem durch das priesterliche Opfer vermittelten Austausch mit Gott teilnehmen. Er wird gott-los. Das bedeutet für einen Juden damals Ausschluß von aller Lebenskraft und Gemeinschaft, die in der kultischen Feier begründet und immer wieder erneuert wird.

Die Interpretation des Bartolome de Las Casas

Las Casas verstand diese Verbindung von Recht und Religion. Er selbst hatte eine juristische und theologische Ausbildung. Aber das unterschied ihn nicht von manchen seiner Zeitgenossen. Der entscheidende Anstoß seiner Bekehrung durch den Sirach-Text war sein offener Sinn für die Zustände seiner Zeit (für den Kontext). Er war Zeuge dessen, was die Spanier Conquista nannten. Er hatte das sinnlose Gemetzel gesehen, durch das ganze Volksstämme ausgerottet wurden. Er hatte gesehen, wie die Indianer als Sklaven gehandelt wurden. Ihre Arbeitskraft wurde auf den „Encomiendas" rücksichtslos ausgebeutet bis zum äußersten. Viele der Sklaven suchten den Tod, um der Unbarmherzigkeit ihrer Herren zu entkommen. Sie wurden behandelt als Ware, als Vieh, und es schien für die Spanier keine Rolle zu spielen, wie viele von ihnen umkamen.

Las Casas hatte mitangesehen, wie in all diese Greueltaten die Kirche mitverstrickt war. Die spanischen Könige hatten vom Papst das Patronat über die Kirche in ihren neuen Besitzungen erlangt. Dazu gehörte das Recht der Ernennung von Bischöfen, das Recht auf Auswahl und Zurückweisung von Missionaren ebenso wie das Recht auf Einrichtung von Bistümern. Sogar in geistlichen Belangen (Zulassung zu Sakramenten und kirchlichen Ämtern) hatte sich die spanische Krone ein Mitspracherecht verbriefen lassen. Diesen Rechten entsprach die Pflicht, auf eigene Kosten für die Glaubensverbreitung in diesen Ländern zu sorgen. Doch viele Kirchenleute ließen sich für die Zwecke der Konquistadoren mißbrauchen und meinten, den Indianern sei das Evangelium nur mit Gewalt beizubringen.

Nachdem Las Casas diese Zusammenhänge erkannt hat, kann er seinen Mitbrüdern später um so deutlicher ins Gewissen reden. Dem Bischof von Tierra Firma in Mittelamerika sagt er bei einer Disputation vor dem spanischen König und späteren Kaiser Karl V.: „Ihr habt hundert- und tausendfach gesündigt, Herr Bischof von Tierra Firma. Ihr habt das Blut eurer Herde getrunken; macht ihr nicht alles wieder gut, so werdet ihr eure Seele so wenig retten können wie Judas."

Deutlich hören wir hier Anklänge an den Text aus Jesus Sirach. Der, der den Armen ihren Lebensunterhalt raubt, ist der wahre Blutsauger, weit schlimmer als der, der aus religiöser Überlieferung und Überzeugung einen Menschen opfert. Die Menschenopfer indianischer Stämme wurden von den Verteidigern des Vorgehens der Spanier in ihren Kolonien immer wieder als Grund dafür angegeben, daß man die Indianer wie Tiere behandeln müsse und daß sie „wegen der Roheit ihrer Sitten von Natur aus Sklaven seien".

Entsprechend dem Jesus-Sirach-Text sieht Las Casas das Heil derjenigen, die die Würde der Indianer nicht achten, in höchster Gefahr. Als er später Bischof von

Chiapas in Mexiko wird, hat er diese Überzeugung in einem Handbüchlein für die Beichtväter niedergelegt. Darin hat er die Personengruppen der Eroberer, Siedler und Waffenhändler im Blick. Von diesen verlangt er vor der Absolution eine notariell beglaubigte Verpflichtungserklärung zur Wiedergutmachung allen unrechtmäßigen Besitzes. Alle Erwerbungen seien nach Naturrecht, Völkerrecht und jure divino null und nichtig, und die verletzte Gerechtigkeit müsse so weit wie möglich wiederhergestellt werden. Entschuldigungsgründe wie Unkenntnis des Verbots läßt er nicht gelten. Tyrannei, Grausamkeit und Raubzüge seien so offensichtlich, daß jedermann davon Kenntnis habe.

Die Begegnung mit der Ungerechtigkeit heute

In welchem Kontext lesen wir heute den Text Jesus Sirach 34? An welches Unrecht denken wir, wenn wir davon hören, daß den Armen der Lebensunterhalt vorenthalten, den Arbeitern der Lohn nicht ausbezahlt wird, oder wenn von unrecht erworbenem Gut die Rede ist?

Wir haben Bilder von Menschen vor Augen, die sich abplacken in heißer Sonne, mit Lumpen bekleidet; von Indios, die aus ihren Siedlungen von einer Straßenbaugesellschaft, einer Minengesellschaft oder dem Besitzer einer Rinderfarm vertrieben werden; Bilder von Kindern, die den ganzen Tag an einem Webstuhl hocken, um billige Teppiche für Warenhausketten zu produzieren; Bilder von jungen Menschen, die sich aus nackter Armut für europäische oder nordamerikanische Touristen prostituieren. Wir kennen die Bilder aus dem Fernsehen, aus Zeitungen, aus Berichten anderer. Sie liegen in einer Ecke unseres Bewußtseins, abrufbereit. Aber wir lassen sie zumeist dort ruhen; denn wenn wir sie uns vor Augen führten, was würden sie auslösen außer einem Unbehagen: Sicher, das darf nicht sein, aber man selber ist doch so furchtbar hilflos gegen dieses Unrecht.

1. Ungerechte Strukturen

In der Tat sind die Unrechtssituationen unserer Tage kompliziert. Gerechtigkeit und Ungerechtigkeit scheinen für uns Europäer weniger eine Sache unseres individuellen Verhaltens als vielmehr der Strukturen, in denen wir leben.

Zum Beispiel der Welthandel: Der Bauer im Süden, der Kakao anbaut, erhält gerade 4 bis 5 % des Preises, den wir für eine Tafel Schokolade bezahlen, bei Bananen sind es 2 bis 5 % des Endverkaufspreises. Die Teepflückerin erhält gerade 3 % des Teepreises, den wir bezahlen (R. H. Strahm, Warum sie so arm sind, Wuppertal^{7}1990, 129).

Und die Auslandsschulden: Im Jahre 1986 schuldeten die Länder Lateinamerikas ins gesamt 386 Milliarden Dollar bei den Wirtschaftsorganisationen, Banken und Regierungen der reichsten Länder der Erde. Von Geburt an schuldet jeder Lateinamerikaner bereits 1000 US Dollar. Peru steht allein mit 14 Milliarden Dollar in der Kreide. Das ganze peruanische Volk vom soeben geborenen Säugling bis zum alten Menschen müßte ein ganzes Jahr ausschließlich dafür arbeiten, die Schulden zu tilgen. Auf die arbeitsfähige Bevölkerung umgerechnet müßte jeder peruanische Arbeiter und Angestellte 48 Monate lang auf seinen Lohn verzichten, um die Schulden zu bezahlen (Zwischen Resignation und Hoffnung: Glaube in Lateinamerika, hrsg. von W. Kraning, Leipzig 1992, 132).

Weitere Instrumente der Unterdrückung sind heute die Kartellabsprachen zwischen transnationalen Konzernen (Elektroindustrie, Düngemittel, Stahlrohre, Zement usw.). Dadurch werden einheimische Industrien in den Entwicklungsländern unterboten und in den Bankrott getrieben, damit sie die Konkurrenz nicht stören und einem transnationalen Konzern einverleibt werden können. Die Entwicklungsländer müssen höhere Preise zahlen, als dies bei freier Konkurrenz der Fall wäre.

Frei Domingos de Santo Tomas schrieb vor vier Jahrhunderten: „Nicht das Silber ist es, das nach Spanien gesandt wird, sondern der Schweiß und das Blut der Indianer." Was ist mit den Produkten, die wir heute aus den Ländern des Südens beziehen, mit den billigen Bananen, dem Kakao, dem Kaffee, den tropischen Edelhölzern?

Es ist nicht einfach, in einer solchen Situation den Sirachtext auf sich wirken zu lassen. Er führt uns in eine Gewissenserforschung. Auf welcher Seite stehe ich? Auf der Seite der Blutsauger oder auf der Seite der Armen? Sicher mag jetzt mancher sagen: „Was macht das schon aus? Die großen Konzerne kümmern sich doch nicht um meine Meinung, wenn sie das Amazonasbecken ausbeuten. Wer fragt mich schon, wenn es um die Gestaltung des Welthandels geht?" Mit solchen Fragen meinen wir uns der Entscheidung entziehen zu können. Aber es geht nicht. „Ungerechten, todbringenden Systemen mit Schweigen oder mit Nachsicht zu begegnen, heißt, deren Waffen zu segnen", sagt der im Amazonasgebiet tätige Bischof Kräutler.

2. Die Option für die Armen

Natürlich erscheinen unsere Einflußmöglichkeiten winzig gegenüber der Größe des Unrechts, das heute geschieht. War das zu Zeiten von Las Casas anders? Viele seiner Vorstöße und Projekte sind gescheitert am Widerstand der Mächtigen. Aber er hat sich dadurch nicht entmutigen lassen, denn er wußte, auf welcher Seite er stand.

Für jeden einzelnen von uns und ebenso für die Kirche als ganze lautet die Frage heute: Bin ich, sind wir bereit, die vorrangige Option für die Armen zu leben? Nur ein klares Ja auf diese Frage kann unser gesamtes religiöses Tun davor bewahren, zu einem verdorbenen Kult zu werden, wie ihn Jesus Sirach beschreibt. Wie können wir diese Option leben, daß sie nicht nur ein reines Lippenbekenntnis bleibt?

Wer dem anderen gerecht werden will, muß sich zuerst einmal für ihn interessieren. Die Konquistadoren interessierten sich nicht für die Menschen, sie interessierte nur ihr Gold und ihre Arbeitskraft. Wer riesige Staudämme im Amazonasgebiet plant, interessiert sich offenbar auch nicht für die Indianer, deren Lebensräume damit überschwemmt werden. Aber auch der Besuch eines Ethnologen oder Journalisten, das haben die Indianer inzwischen festgestellt, ist nicht unbedingt ein Zeichen von Interesse an ihnen selbst. Vielleicht gilt das Interesse vor allem der Doktorarbeit oder der interessanten Story, die sich in diesem Jahr gut verkaufen läßt. Interesse kann sich vielmehr im aufmerksamen Lesen eines Artikels oder dem wachen Betrachten eines Bildes zeigen. Wer sich mit dem Leben der Armen beschäftigt, der hört ihren Schrei nach Leben, auch ohne eine weite Reise.

Und es gibt Möglichkeiten, diesem Notruf auch hier bei uns gerecht zu werden. Sei es der bewußte Einkauf, zu dem Eine-Welt-Läden Gelegenheit bieten. Sei es der Einsatz für die Einhaltung der Menschenrechte über Organisationen wie z. B. amnesty international. Es gibt die Möglichkeit, gegen gigantomanische Großprojekte in Entwicklungsländern, die bei uns geplant und finanziert werden, auch bei uns zu protestieren. Advocacy heißt das Fachwort für diese Arbeit, Anwalt der Armen sein. Genau dies hat auch Las Casas in langen Disputationen am spanischen Hof und mit den Gelehrten seiner Zeit getan.

Wenn wir uns für die Armen einsetzen, sind wir nicht allein. Es gibt viele Menschen, die mit uns für mehr Gerechtigkeit kämpfen. Wenn wir uns zusammentun, können wir mehr erreichen. In der Friedens- und der Ökologiebewegung hat sich gezeigt, was Bündnisse bewirken können. Dabei lohnt es sich auch, auf die zuzugehen, mit denen wir vielleicht sonst nicht viel zu tun haben. Je enger wir das Netz derer knüpfen, die die Option für die Armen treffen, desto mehr können wir erreichen.

3. Zwischen Selbstüberschätzung und Bequemlichkeit

Unser guter Wille darf uns nicht die Sicht dafür verstellen, daß wir die Vollendung der Welt nicht selber machen. Gott will sie uns schenken. Das Bewußtsein für das all unserem Handeln vorausliegende Erbarmen Gottes bewahrt uns davor, uns zu überschätzen und womöglich in einen gutgemeinten, aber gefährlichen besserwisserischen Paternalismus gegenüber den armen „Armen" zu verfallen. Wir sind Brüder und Schwestern, nur einer ist unser Vater.

Die Menschen aus den neuen Bundesländern können davon erzählen, was es heißt, in ein Unrechtssystem eingespannt zu sein. Und man fragt sich am Ende, wie das tausendfach und millionenfach zugefügte Unrecht nur von ganz wenigen persönlich verantwortet gewesen sein soll. Alle anderen waren Verstrickte. Nur wenige brachten den Mut und die Kraft zum Widerstand und zum Bekenntnis auf.

Wäre es bei uns anders gewesen? Ist es bei uns anders? Finden wir uns nicht auch, was die weltweite Ungerechtigkeit angeht, allzu schnell in die Rolle des Opfers, das sich aus seiner Verstrickung nicht befreien kann? Solange man diese Rolle des Opfers ungestört in relativer Ruhe mit ausreichendem Einkommen spielen kann, ist sie ja auch gar nicht so unbequem. Unbequem ist das Schriftwort: „Den Nächsten mordet, wer ihm den Unterhalt nimmt."

Das Ende der Vergeltung

Zu Matthäus 5, 38–42

„[38]Ihr habt gehört, daß gesagt worden ist: Auge für Auge und Zahn für Zahn. [39]Ich aber sage euch: Leistet dem, der euch etwas Böses antut, keinen Widerstand, sondern wenn dich einer auf die rechte Wange schlägt, dann halt ihm auch die andere hin. [40]Und wenn dich einer vor Gericht bringen will, um dir das Hemd wegzunehmen, daß laß ihm auch den Mantel. [41]Und wenn dich einer zwingen will, eine Meile mit ihm zu gehen, dann geh zwei mit ihm. [42]Wer dich bittet, dem gib, und wer von dir borgen will, den weise nicht ab."

Das Problem

Alexander Solschenizyn erzählt in „Der Archipel GULAG" aus den Straflagern Stalins. Das dichtmaschige Spitzelsystem raubte den Inhaftierten die letzten Freiräume. Erst von dem Augenblick an besserte sich die Situation, als die Spitzel nachts umgebracht wurden. Die Tyrannei der Lagerkommandanten kam ins Schleudern – durch Gegengewalt! Solschenizyn bemerkt in Anspielung auf die Bergpredigt und auf Mt 26, 52:

„Den Spitzeln das Messer in die Brust bohren! Messer schmieden und auf Spitzeljagd gehen! – Das ist es! Jetzt, da ich dieses Kapitel schreibe, türmen sich auf den Regalen über mir humanitätsschwere Bücher und blinken mir mit ihren mattschimmernden, gealterten Einbänden vorwurfsvoll zu, wie Sterne durch Wolkenstreifen: Man darf nichts in der Welt durch Gewalt zu erreichen suchen! Wer zum Schwert, zum Messer, zum Gewehr greift, wird nur zu rasch seinen Henkern und

Bedrückern gleich. Und der Gewalt wird kein Ende sein ...

Wird kein Ende sein ... Hier am Schreibtisch, im warmen, sauberen Arbeitszimmer bin ich völlig einverstanden. Doch wer grundlos zu fünfundzwanzig Jahren Lager verdammt wird, wer seinen Namen verliert und vier Nummern angeheftet bekommt, die Hände immer auf dem Rücken halten muß, jeden Morgen und Abend gefilzt wird, täglich bis zur Erschöpfung robotet ..., für den hören sich alle Reden der großen Menschenfreunde wie das Geschwätz satter Spießer an ...

Nicht umsonst hat das Volk aus langer Bedrückung die Lehre gezogen: Mit Güte kommt man gegen das Böse nicht an."

Solschenizyn findet mit seiner Position eine breite Zustimmung: „Wir sind für die Abschaffung des Krieges, wir wollen den Krieg nicht; aber man kann den Krieg nur durch den Krieg abschaffen; wer das Gewehr nicht will, der muß zum Gewehr greifen" (Mao Tse Tung).

Im Jahre 1975 erschien in der Schweiz ein „Katholischer Katechismus". Darin heißt es im Kontext unserer Frage: „Sind die Anweisungen in der Bergpredigt (Mt 5.–7. Kap.) wörtlich zu nehmen? Die Anweisungen in der Bergpredigt sind nicht wörtlich zu nehmen, weil das sowohl im privaten wie im öffentlichen Leben zu unhaltbaren Zuständen führen würde."

Der Katechismus spricht aus, was viele denken und wie wir uns in der Regel verhalten: Wir antworten auf Gewalt mit Gewalt, wir zahlen heim mit gleicher Münze: ‚Wie du mir, so ich dir! Da weiß man, wo man dran ist. Wo kommen wir denn sonst hin?' So reden wir, und so handeln wir, häufig wenigstens, oft genug. Jesus nicht! Er hat anders gedacht – und gelebt.

Das Prinzip der Vergeltung und des Ausgleichs

Der erste Evangelist zitiert zunächst das bekannte ius talionis, das Gesetz, das die Vergeltung regelt. Es will nicht (wie man zunächst vermuten könnte) zur Rache reizen, sondern die zügellose Rache eindämmen: Die Strafe darf die Größe der Tat nicht überschreiten, Gleiches darf nur mit Gleichem vergolten werden: „Auge für Auge, Zahn für Zahn ..." Das ist in der Entwicklung der Menschheit ein großer Schritt nach vorn gewesen zur Humanisierung des Zusammenlebens.

Rache ist von ihrer inneren Tendenz her maßlos und wird über Generationen nachgetragen. Im ersten Buch der Bibel heißt es in einem alten Rachelied: „Einen Mann erschlage ich für eine Wunde und einen Knaben für eine Strieme. Wird Kain siebenfach gerächt, dann Lamech siebenundsiebzigfach" (Gen 4, 23 f). Der Preis für eine Wunde ist ein Menschenleben. Ein harmloser Schlag führt schließlich zu schrankenloser Blutrache. Am Ende steht das absolute Chaos. In diese Situation hinein sagt das ius talionis: Keine Eskalation! Vielmehr: „Auge für Auge, Zahn für Zahn ..." Gleiches mit Gleichem! „Vergeltung ist die elementare ... Generalisierung des Rechts; sie ist gleichsam das zuerst einfallende Rechtsprinzip" (N. Luhmann). Der Grundsatz der Verhältnismäßigkeit ist bis heute in der Rechtsprechung wirksam geblieben. Die Strafe muß der Tat angemessen sein – nach der Devise: „Wie du mir, so ich dir." Nicht mehr, aber auch nicht weniger. Da herrschen geordnete Verhältnisse. Es scheint, als sei allein auf diesem Weg ein gedeihliches Zusammenleben der Menschen zu gewährleisten. Nur soviel darf ich dir nehmen, wie du mir genommen hast. Nur soviel muß ich dir geben, wie du mir gegeben hast. Ein austariertes System, bei dem jeder die

Folgen seiner Handlungen einkalkulieren kann. Nichts zuviel und nichts zuwenig. Liebt, die euch lieben, und haßt, die euch hassen. Berechenbarkeit und Ausgeglichenheit sind die Merkmale des Vergeltungsprinzip.

Seit der Antike symbolisiert Justitia, die Dame mit den verbundenen Augen und der Waage in der Hand, in unserem Kulturkreis die Gerechtigkeit. Wird das Prinzip des Ausgleichs den Menschen gerecht? In der Regel kann es die menschlichen Leidenschaften und Begehrlichkeiten einigermaßen in Schach halten. Wenn, wie bei Solschenizyn, die sichere Androhung des Todes jemanden davon abhält, anderen den Tod zu bereiten, zeigt das Prinzip seine unbestreitbaren Stärken.

Diese Stärke kommt jedoch von außen: Hier die Macht der Spitzel, dort die Macht der nächtlichen Meuchler. Sie halten sich in Schach – solange die äußeren Gewaltmittel gleichgewichtig verteilt sind. Sobald einer der Beteiligten seine Machtmittel vergrößern kann, muß der andere nachziehen. Die Schraube der Gewalt beginnt sich zu drehen. Messerstich gegen Faustschlag, Gewehre gegen Messer, Panzer gegen Gewehre, Bomben gegen Panzer, Atombomben gegen Wasserstoffbomben ... Das Ideal des Ausgleichs wird in der Wirklichkeit immer wieder von der archaischen Maßlosigkeit ins Wanken gebracht. Politik ist in diesem Paradigma die Kunst der Gewaltenteilung. Sie verteilt die Machtmittel so, daß sich alle gegenseitig in Schach halten. Kann man mehr verlangen von der Politik, als daß sie die Menschen von ihren maßlosen Begehrlichkeiten und Machtgelüsten schützt?

Der entscheidende Mangel des Ausgleichsprinzips ist dieser: Es baut auf dem äußeren Gleichgewicht der Machtmittel auf, die dahinterliegenden Sehnsüchte, Aggressionen und Begierden bleiben unbearbeitet.

Eine Ehe, die auf dem Prinzip aufbaut, daß er ihre Schönheit durch sein gutes Aussehen erwidert, daß sie seine berufliche Position durch ihr gesellschaftliches Ansehen honoriert, daß sie seine Schlagfertigkeit durch ihren Witz wettmacht, wird solange bestehen, wie diese Eigenschaften vorhanden sind. Was aber wird sein, wenn der eine seine berufliche Stellung verliert oder der andere krank wird? Was wird sein, wenn der eine vom anderen mehr Zeit und Sorge verlangt, als er selber zurückgeben kann?

Und was geschieht, wenn sich zwischen gesellschaftlichen Gruppen oder Staaten die Machtgleichgewichte verschieben? Was, wenn durch wirtschaftliche oder ökologische Probleme der eine schwächer wird als der andere? Was wird dann aus der Völkerfreundschaft oder dem Gleichgewicht des Schreckens? Darf man dann den Machtgelüsten, dem Gewinnstreben und den Besitzansprüchen freien Lauf lassen? Wird dann hemmungslos leichte Beute gemacht und geteilt? Was zählt dann noch der andere? Das sind Situationen, in denen wir mit dem „Wie du mir, so ich dir" bald am Ende sind.

Die „weit größere Gerechtigkeit"

Jesus ist nicht beim Ausgleichs- und Vergeltungsdenken stehengeblieben. Er hat – vor allem in der Bergpredigt – einen neuen Weg eröffnet, seinen Weg, original Jesus. *Er* hat das Angesicht der Erde erneuert. Jesus baut nicht auf die äußeren Machtmittel, sondern auf das innere Vermögen des Menschen, auf seine Liebesfähigkeit und seinen Glauben. Er baut nicht zuletzt auf seine Fähigkeit, in unausgeglichenen, in unabgegoltenen Verhältnissen zu leben. Er traut dem Menschen zu, in Verhältnissen zu leben, in denen die Waage nicht waagerecht, sondern schief hängt, und das zu seinen Ungunsten. Leicht wird eine solche Haltung mit Dummheit und Schwäche gleichgesetzt. Äußerlich betrachtet, kann sie danach aussehen. Im letzten jedoch verrät sie nicht Schwäche, sondern Stärke.

Die Ethik der Bergpredigt beginnt nämlich nicht damit, sich schlagen zu lassen, sondern sich lieben zu lassen. Ihr Fundament ist der Glaube an Gott den Vater, der weiß, was wir brauchen, und der hinter uns steht. Wer sich auf ihn einläßt, der muß sein Leben nicht selbst sichern. Er hat den Rücken frei. Wem Gott *die* Realität seines Lebens ist, der muß keine Angst mehr um sich selber haben. Er kann sich angstfrei den Menschen zuwenden. Er kann auch Schläge einstecken, ohne daß sein Fundament dadurch ins Wanken kommt.

Sowenig wie das Einstecken von Schlägen der Beginn der Ethik Jesu ist, so wenig ist es ihrer Weisheit letzter Schluß. Jesus rät nicht etwa nur dazu, sich rein passiv zu verhalten, keinen Widerstand zu leisten. Vers 39a: „Leistet dem, der euch etwas Böses antut, keinen Widerstand ..." ist erst durch den Evangelisten eingefügt. Er soll darum in der Auslegung zunächst zurücktreten, damit der Blick auf die folgenden Verse, in denen sich nach weitgehendem Konsens der Exegeten die ursprüngliche Intention Jesu ausspricht, nicht eingeengt wird. Jesus genügt es nicht, keinen Widerstand zu leisten, und er redet erst recht nicht einem müden Sich-gefallen-Lassen von Unrecht und Gewalt das Wort. Er ermuntert und ermutigt zu einer neuen Initiative, zu einer neuen Aktion. Wie das aussehen kann, zeigt er an vier Fällen:

Vers 39b: Jemand wird geschlagen, und zwar (besonders beleidigend und entehrend) mit dem Handrücken auf die rechte Backe. Nun heißt es nicht: ‚Ertrag den Schlag, halt die Backe hin.' Jesus will mehr als den Verzicht auf Vergeltung: „Wenn dich einer auf die rechte Backe schlägt, dann halt ihm auch die andere hin." Er rät zu einer neuen Initiative, die eine neue Situation schafft.

Vers 40: Jemand ist verschuldet. Es wird ihm der Prozeß gemacht. Der raffgierige Gläubiger will das Hemd pfänden. In dieser Situation lautet die Forderung nicht etwa nur: ‚Laß ihm das Hemd', sondern: „Laß ihm auch den Mantel." Das sprengt jeden Rahmen. Nach Ex 22,25 f kann der Mantel gar nicht gepfändet werden, weil der Arme ihn nachts als Decke braucht. Er gehört zum Existenzminimum, das niemandem genommen werden darf. Nun sagt Jesus: ‚Gib den Mantel dazu, gib das Letzte, was du hast.'

Vers 41: Der dritte Fall kommt aus der Besatzungssituation: Die römischen Kohorten oder die Soldaten des Herodes zwangen bei ihren Märschen über Land Leute von den Straßen, für sie Lasten zu schleppen, so wie sie Simon von Zyrene gezwungen haben, Jesus das Kreuz zu tragen (vgl. Mk 15,21 par). Nun heißt es hier nicht: ‚Geh eine Meile mit!' Jesus sagt vielmehr: ‚Wenn der Erpresser dich zu einer Meile zwingen will, dann geh zwei Meilen weit mit ihm, den doppelten Weg.'

Vers 42 spricht von Alltäglichkeiten: Wer um irgendeine Sache oder um Geld angegangen wird, soll sich der Bitte nicht verschließen. Gerade hier wird deutlich, daß es mit dem geduldigen Hinnehmen allein nicht getan ist: „Wer dich bittet, dem gib ..."

Ihre besondere Schärfe erhalten diese vier Aussagen gerade dadurch, daß sie keine außergewöhnlichen Fälle schildern, sondern aus dem Alltag der Menschen um Jesus genommen sind. Sie sind also keineswegs rein metaphorisch zu verstehen (wenn auch der Text metaphorische Elemente enthält). Sie zielen auf reale Verhaltensweisen. Man kann sie am besten als „Verhaltensmodelle" bezeichnen, die „zwischen konkreten Anweisungen zum Handeln und normativen Weisungen" stehen und „an einem konkreten Beispiel das über den einmaligen genannten Fall hinaus zu Tuende" deutlich machen (H. Schürmann). Gemeinsam ist ihnen, daß nicht nur danach gefragt wird, wer recht oder unrecht hat. Die Rechtsebene wird nicht aufgelöst, sondern überschritten auf die „weit größere Gerechtigkeit" (Mt 5, 20) hin. Hier ist die schöpferische Liebe am Werk, die das Böse in der Wurzel zu überwinden versucht (vgl. Röm 12, 21: „Besiege das Böse durch das Gute") „und die Kette von Unrechtserwiderungen zerreißen will. Solche Liebe nimmt das Böse an das Herz und zerdrückt es" (H. Schürmann). Sie findet sich nicht ab mit all dem, was die gegenseitige Verteufelung fördert und festschreibt. Sie beläßt es nicht beim alten Gesetz des Zurückzahlens und Zurückschießens. Sie läßt sich Neues einfallen, Alternativen zum Normalverhalten. Sie kommt auf die Idee, dem Angreifer nicht auf der gleichen Ebene zu begegnen (nicht nur zu re-agieren). Sie ermutigt zu neuen Initiativen, die eine neue Situation schaffen. Sie setzt auf die Gegenkraft des Guten und vertraut darauf, so das Böse aus den Angeln zu heben.

Von daher ist zu fragen, inwieweit Matthäus mit seinem Zusatz „Leistet dem, der euch etwas Böses antut, keinen Widerstand ..." (5, 39a) die Intention des Abschnittes voll aufnimmt. Nicht, daß er sie verdunkelt (das geduldige Standhalten und Ertragen ist eine Grundhaltung Jesu und seiner Jünger), aber er lenkt sie doch in eine ganz bestimmte Richtung. Er interpretiert die Aussagen von seiner Tendenz zum Gewaltverzicht her (vgl. 26, 52). Diese Interpretation schränkt, wie die Auslegungsgeschichte zur fünften Antithese bestätigt, die Jesus-Worte auf die Gewaltlosigkeit ein und läßt ihre innere Dynamik nicht voll zur Geltung kommen. Jesus geht es nicht etwa nur darum, keinen Widerstand zu leisten; er verlangt ein neues *Handeln*, das sich an den vier genannten Modellen orientiert.

Die Verhaltensmodelle der fünften Antithese gehen davon aus, daß der Gegner nicht Gegner bleiben muß (er ist ja eben Sohn, Tochter Gottes). In Gottes Namen wird das aufgebaute Feindbild zertrümmert. Die Jünger Jesu setzen alles daran, den Feind (Verfolger) für den gemeinsamen Friedensprozeß zu gewinnen. Sie machen sich mit ihm auf den Weg. Sie fragen: Was kann ich tun, damit der Gegner nicht Gegner (Feind) bleibt, sondern Friedenspartner wird?

Der Garant des Wortes: Jesus

Wir können Jesu Wort nur dann richtig verstehen, wenn wir ihn selbst im Auge haben. Seine Weisung hängt an seiner Person. Die Antithesen der Bergpredigt sind nicht ein Summarium allgemeiner Sentenzen und Weisheitssprüche, kein abstraktes Moralprinzip, sondern Wort Jesu. Dieses Wort bildet eine Einheit mit einer Person, es ist also christologisch begründet. Wie die Gottherrschaft in ihm anbricht, so ist er die Ermöglichung zu einem Leben im Zeichen dieser Herrschaft. Seine Weisung ist von seiner Person nicht zu trennen. Ihr Sinn wird entstellt, wenn man einzelne Sätze als Parolen mißbraucht und damit den eigenen Karren ausstattet, unabhängig vom Bekenntnis zu Jesus Christus. Es geht in der Stellungnahme zu den einzelnen Aussagen nicht etwa nur um einen Satz, sondern um die Entscheidung gegenüber ihm selbst.

Die Bergpredigt ist nicht nur ein abgegrenztes Kapitel der Botschaft Jesu, er hat sie gelebt. In seinem Leben offenbart sich Gott den Menschen gegenüber als ganz und gar entgegenkommend. Jesus hat nicht auf Gegenseitigkeit bestanden, sondern den ersten Schritt getan – zuvorkommend, wie er ist. Er hat Grenzen überschritten zu den Heiden, zu den Sündern und Sünderinnen, zu den Aussätzigen und den verlorenen Söhnen. So ist er, so ist Gott: grenzenlos in der Vergebung („sieben mal siebzigmal"), entwaffnend in der Liebe. Dabei ist er geblieben bis zum letzten. Als er die Macht der Mächtigen am eigenen Leib zu spüren bekam, umgab er sich weder mit Schwertern noch mit Engeln (vgl. 26, 51 f). Er schlug nicht zurück, er beantwortete Gewalt nicht mit Gewalt. Er ging wehrlos auf die Angreifer zu, bar aller Macht. Machtlos ist er am Kreuz gestorben. So hat er durch seinen Tod und seine Auferstehung die Gewalttätigkeit aus den Angeln gehoben und die große Wende herbeigeführt.

Jesus ist sich und seinem Weg bis zur letzten Konsequenz treu geblieben. Er hat sich nicht „um des lieben Friedens willen" in einen „faulen Kompromiß", in einen „faulen Frieden" geflüchtet. Er hat Farbe bekannt und mit Entschiedenheit zur Entscheidung (Krisis) gedrängt. „Denkt nicht, ich sei gekommen, um Frieden auf die Erde zu bringen. Ich bin nicht gekommen, um Frieden zu bringen, sondern das Schwert" (Mt 10, 34). Jesus gibt seinen Jüngern damit nicht das Schwert in die Hand (er hat dem Petrus ausdrücklich verboten, das Schwert zu ziehen). Aber er kann nicht verhindern, daß seine Gegner zum Schwert greifen.

Der Konflikt, der in die Passion führt, ist nicht irgendeine Auseinandersetzung, die per Malheur mit dem Tod endet. Es ist der Konflikt zwischen „alter" und „neuer" Schöpfung (Gal 6, 15; 2 Kor 5, 17), zwischen dem sich selbst verfallenen Leben, das sich mit Macht behaupten will, und dem „Sein für die anderen". Diesem

Konflikt ist Jesus nicht ausgewichen. Er hat sich ihm bewußt und mit Entschiedenheit gestellt. Das Kreuz ist Zeichen dieses Konfliktes. Es ist das Zeichen, wie Gott sich der gewalttätigen Selbstbehauptung, die den Unfrieden in der Welt gebiert, stellt und ihn überwindet.

Es ist nicht Sache Jesu und seiner Jünger, Streit zu führen. Aber es kann um seinetwillen zu Konflikten und zum Leid kommen. Damit ist sogar zu rechnen. Das sind – blickt man auf Jesus – die unvermeidlichen Folgen eines konsequenten Lebens für andere. Der Friede ist nicht selbstverständlich und alles andere als harmlos: „Habt Salz in euch, und haltet Frieden untereinander" (Mk 9,50).

Praxis der Bergpredigt

In der Stellungnahme zu den einzelnen Aussagen der fünften Antithese (wie überhaupt der Bergpredigt) geht es nicht etwa nur um die Entscheidung gegenüber einem Satz, sondern gegenüber einer Person, gegenüber diesem Jesus. Es geht um eine Entscheidung des Glaubens. Die „Logik" der Weisungen erschließt sich dem, der an Jesus glaubt. Sie ist Ausdruck unbedingten Gottvertrauens und einer von daher geschenkten Angstlosigkeit im Umgang mit anderen Menschen, die die „weit größere Gerechtigkeit" ermöglicht.

Die Ethik der Bergpredigt hebt die Gerechtigkeit, die sich am Gleichheitsgrundsatz orientiert, nicht auf. Im Zeichen der Waage als Symbol für Gerechtigkeit begegnen Christen sich mit anderen Gruppen. Auch Christen können das Prinzip des „Wie du mir, so ich dir" als Hilfe für ein menschliches Zusammenleben anerkennen. Aber sie können dabei nicht stehenbleiben. Sie sind herausgefordert zu schöpferischer Liebe, die dem anderen entgegenkommt, wo er es nicht erwartet, ihn beschenkt, wo er es nicht erhofft, und ihm vergibt, wo er es nicht verdient hat.

Hier hat das Christentum in der Geschichte der Menschheit deutlich sichtbare Spuren hinterlassen und das Angesicht der Erde, die gesellschaftlichen Verhältnisse verändert. Es hat die Armen ins Bewußtsein der Menschen gehoben, ist gegen das Unrecht des Menschenhandels angegangen, es ist für die Schwachen, die Kinder und die alten Menschen eingetreten. Dabei dürfen wir nicht verschweigen, daß uns in der Kirche das „Wie du mir, so ich dir" wie anderen tief in den Knochen sitzt und wir es zu oft dabei belassen, gegen den ausdrücklichen Willen Jesu.

Christen verfügen als solche nicht über ein Mehr an politischem Sachverstand und Sachwissen (das wird durch die Bergpredigt weder erweitert noch suspendiert). Was sie einzubringen haben, ist der Glaube an Gott, dessen Treue „Schild und Schutz" ist (Ps 91,4), so daß sie sich „ungeschützt" und entwaffnend entwaffnet anderen zuwenden können. Gott ist ihnen Schutz genug, er eröffnet im Namen Jesu Christi die Alternative zum gängigen Verhalten der Menschen.

Ist diese Alternative auch eine politische? Läßt sich dieser Glaube umsetzen in handfeste Politik? Kann man mit diesem Glauben außerhalb der Familie und des Raumes persönlicher Beziehungen „Staat machen"? Viele sagen: Unmöglich! – Wir haben erlebt, daß das, was wir vor Jahresfrist noch als unmöglich erachtet haben, inzwischen (1989) Wirklichkeit geworden ist: ‚Unglaublich', ‚wie ein Geschenk des Himmels'. Der Geist der Bergpredigt ist spürbar. Er hat vor unseren Augen Geschichte gemacht. Und das Geschenk der wiedergewonnenen Freiheit hat eine überwältigende spontane Hilfsbereitschaft ausgelöst. Deutsche aus dem Ostteil der Stadt wurden in Westberlin von Fremden eingeladen, Begrüßungsgeld wurde verschenkt, die Hilfsangebote überschlugen sich. Deutschland feierte mitten im Winter ein Fest.

Der Alltag schien außer Kraft gesetzt. Inzwischen hat er uns wieder eingeholt. Die Zeit des Einladens und Schenkens ist der Zeit der Verhandlungen und Abmachungen gewichen. Jetzt wird zäh gerungen um das, was „drinsitzt" oder „was noch rauszuholen ist". Und wir spüren, daß in diesem zähen Ringen und Feilschen die Freude über die wiedergewonnene Freiheit und Einheit ersticken kann und wir nur allzu schnell engherzig werden: „Wie du mir, so ich dir."

Das ist der Zeitpunkt, an dem deutlich werden kann, wie der Geist Jesu, der Geist der Bergpredigt befreit und aufatmen läßt. Für uns Christen hat das Fest der Freiheit und der Einheit ja nicht aufgehört. Daran werden wir jeden Sonntag erinnert, falls wir uns an das Geheimnis unseres Glaubens erinnern lassen. Wir könnten deshalb einen anderen Maßstab an eine Politik legen als den, was durch sie in unsere Tasche gewirtschaftet wird. Wir müssen unseren Blick nicht allein darauf richten, daß wir nicht zu kurz kommen. Nicht jede Forderung muß mit einer Gegenforderung beantwortet werden. Christen sind so frei, einem Wunsch auch durch eine unerwartet großzügige Erfüllung zu begegnen. Sie können einladend und gebefreudig bleiben. Sie können die einladen, die draußen stehen an und vor den Zäunen, die nicht die Kraft haben, die Einladung ausgewogen und gleichwertig zu erwidern, z. B. die politisch oder religiös Verfolgten, die bei uns um Asyl bitten.

Als Christen sind wir davon befreit, immer nur auf den eigenen Teil sehen zu müssen, wir können uns um das Ganze kümmern. Das Ganze, das hört natürlich nicht an den Grenzen eines geeinten Deutschlands auf. Europa ist in den Blick zu nehmen und nicht zuletzt unsere ganze Erdkugel. Mit großer Sorge registrieren zur Zeit viele Länder der Südhalbkugel, daß durch das neuerwachte Interesse an der deutschen und europäischen Frage ihre Fragen in den Hintergrund des Weltinteresses treten. In einer eng miteinander verflochtenen Welt kann christliche Nächstenliebe nicht nach Kilometern berechnet werden. Wer seinen Fernsehsatelliten in Afrika starten, seine Kleider in Südostasien nähen läßt und seine Bananen in Südamerika kauft, kann nicht sagen, daß ihm die Probleme der dort lebenden Menschen zu weit weg seien. Für Jesus gab's ohnehin keine Aufspaltung in Nächsten- und Fernstenliebe, sondern seine Frage lautete: „Was hast du dem geringsten meiner Brüder und Schwestern getan?" Das ist die Frage, die sich auch heute an uns richtet. An ihrer Beantwortung wird sich entscheiden, ob Deutschland wirklich eins wird, ob das europäische Haus bewohnbar wird und ob das Gebäude der Welt nicht aus den Fugen gerät, sondern ein festes Fundament hat.

Wer auf das Fundament der Bergpredigt baut, wird den eingangs erwähnten Einwand Solschenizyns nicht einfach vom Tisch wischen. Der Fels, auf den der kluge Mann der Bergpredigt (7, 24–27) baut, erweist sich in der Lebensgeschichte Jesu zugleich als der Felsen von Golgota. Auf ihm wird mehr bezahlt, als im Leben jemals erstattet wird. Auf ihm werden unschuldig Schläge und Unrecht erlitten, für die niemals ein irdisches Gericht Genugtuung spricht (wie für die vielen Opfer der vergangenen Jahrzehnte, über die wir nur allzu schnell hinweggehen). Kein leichtes Bauen also.

Kann man so leben?

Die Geschichte zeigt, wie die Christenheit über weite Strecken ihres Weges wieder zu dem zurückgekehrt ist, was den „Alten" gesagt worden ist. A. Angenendt hat das in einem aufschlußreichen Beitrag über „Das Gesetz des Ausgleichs" für das frühe Mittelalter nachgewiesen, nicht nur im Bereich des Rechtes, sondern auch der Theologie (Gnadenlehre), der Frömmigkeit (Bußpraxis). Das Vergeltungsdenken dominiert: Gleiches mit Gleichem! Das Evangelium ist kaum zu vernehmen. Hat der „gesunde Menschenverstand" sich schließlich durchgesetzt? Kann man überhaupt anders leben als nach dem Gesetz des Ausgleichs? Ist es nicht naiv zu meinen, so die Welt verändern zu können?

„Brüder", sagt Franz von Assisi auf dem Generalkapitel von Santa Maria in Portiunkala, „Gott hat mich auf den Weg der heiligen Einfalt und Demut gerufen ... Und der Herr sagt mir, daß ich ein Narr sein solle in dieser Welt; er wolle uns auf keinen anderen Weg als den Weg dieser Weisheit führen." Reinhold Schneider legt dem Bruder Elias das Urteil in den Mund: „Wir können ein Kind nicht zum Haupt nehmen. Wohl hat der Prophet gesagt, daß ein Knabe Panther und Lamm weiden werde. Aber das gilt vom anderen Ufer, nicht von der Zeit." Aber wie, wenn wir schon unsere Anker ausgeworfen haben zum anderen Ufer hin, dort fest verankert sind, wie der Glaube sagt? Müßte das nicht Konsequenzen haben in der Gemeinschaft der Glaubenden?

Die Christen sind aufgerufen, Schritte zu tun in die Richtung, die die fünfte Antithese weist. Das Zurückschrecken, das Stolpern und Stürzen wird ihnen nicht erspart bleiben. Sie werden sich nicht beirren lassen durch die, die meinen, es sei doch nichts zu machen, die jeden

Neuansatz in Gleichgültigkeit, Lethargie oder Brutalität ersticken. Sie werden sich neu auf den Weg machen, auf den Exodus aus der alten in die neue Welt, aus der Welt zerstörerischer Vergeltung in die schöpferische Liebe. Schritte auf diesem Weg sind *dem* möglich, für den Jesus Christus Wirklichkeit ist.

Selig, ihr Armen

Zu Lukas 6, 20.24

„[20]Selig, ihr Armen, denn euch gehört das Reich Gottes.
[24]Aber weh euch, die ihr reich seid;
denn ihr habt keinen Trost mehr zu erwarten."

1849 schreibt Kierkegaard in sein Tagebuch: „In der prächtigen Schloßkirche tritt ein staatlicher Hofprediger, der Auserwählte des gebildeten Publikums, vor einen auserwählten Kreis von Vornehmen und Gebildeten und predigt gerührt über die Worte des Apostels: Gott erwählte das Geringe und Verachtete. Und da ist keiner, der lacht."

Ich kann mich gut an ähnliche Situationen erinnern, an hitzige Diskussionen über die Kirche der Armen – in Clubsesseln bei erlesenem Wein. „Und da ist keiner, der lacht." Alle nehmen sich sehr ernst und sind davon überzeugt, Wichtiges zur Erneuerung der Kirche zu sagen. Es ist zum Lachen ... Oder zum Weinen, zum Rotwerden. Vielleicht haben wir allesamt (Sie und ich) eher Grund, rot zu werden, wenn wir das Wort Armut in den Mund nehmen oder ins Ohr. Wer von uns erfährt die Armut am eigenen Leib? Was legitimiert uns, über Armut zu reden?

Eigentlich kann ich bei diesem Thema nicht mitreden. Und doch: Ich ahne, daß mit der Armut ein Nerv des Evangeliums und der Erneuerung der Kirche berührt ist. Der Weg in die Nachfolge führt in die Armut; es geht kein Weg daran vorbei. Man kann nicht von Jesus sprechen und die Armut verschweigen. Also rede ich davon.

Also frage ich: Welche Konsequenzen hat die Seligpreisung der Armen in unserer Situation? Wie läßt sie sich in den persönlichen und gesellschaftlichen Verhältnissen unseres Landes verantworten und verwirklichen? In welche Gesellschaft gerät man, wenn man ihr folgt? Fragen über Fragen.

Die Seligpreisung der Armen im Zeugnis der Evangelien

Um auf diese Fragen eine Antwort zu finden, müssen wir den Sinn der Seligpreisung freilegen. Wie ist sie von Jesus gemeint? Wie haben die Evangelisten sie ausgelegt, speziell der Evangelist Lukas?

1. Jesus – das Heil der Armen in Person

Jesu Seligpreisung der Armen steht im Zusammenhang des Alten Testamentes, vor allem der prophetischen Tradition. Sie geht davon aus, daß Gott allein der Besitzer des Landes ist, in dem Israel lebt. Das Land ist allen Israeliten geschenkt. Die Armen sind um diese Verheißung Gottes betrogen worden. Sie haben darum einen besonderen Anspruch auf den Rechtsschutz Gottes. Der Arme vertraut darauf, daß Jahwe ihm sein Recht verschafft. In der exilischen und nachexilischen Zeit wächst die Erwartung, daß er am Ende der Tage das Heil der Armen verwirklichen wird. Vom Messias heißt es bei Jesaja (61, 1–3):

„Der Herr hat mich gesalbt.
Er hat mich gesandt,
damit ich den Armen eine frohe Botschaft bringe
und alle heile, deren Herzen zerbrochen ist,
damit ich den Gefangenen die Entlassung verkünde

und den Gefesselten die Befreiung,
damit ich ein Gnadenjahr des Herrn ausrufe,
einen Tag der Vergeltung unseres Gottes,
damit ich alle Trauernden tröste,
die Trauernden Zions erfreue,
ihnen Schmuck bringe anstelle von Schmutz,
Freudenöl statt Trauergewand,
Jubel statt der Verzweiflung.“

Als Jesus zu predigen beginnt, hat er diese alttestamentliche Tradition im Kopf und die Armut in Palästina vor Augen. Von Verelendung und Krankheit ist in den zeitgenössischen Quellen die Rede. Hohe Steuern und Zölle trafen besonders die kleinen Leute. Die wirtschaftliche Ausbeutung entsprang nicht zuletzt unterschiedlichsten Herrschaftsinteressen (Herodianer, römische Besatzungsmacht). Das bekamen die Leute auf dem Land noch mehr zu spüren als die in der Stadt. Auf dem Land waren die Ärmsten der Armen: Bettler, Tagelöhner (oft ohne Arbeit), sozial und wirtschaftlich Entwurzelte, Kranke und Verkrüppelte, allesamt vom Gesetzesstudium und damit von religiöser Anerkennung und Bildung ausgeschlossen. Von Gott und der Welt verlassen, zu kurz gekommen und an den Rand gedrängt, waren sie sprichwörtlich „die Armen vom Lande".

In dieser Situation und unter solchen Menschen tritt Jesus auf, selbst ein Sohn kleiner Leute. Er ist dem Stall näher gewesen als dem Palast. Er wird zu Anfang in eine Krippe gelegt, die anderen gehört. Er wird am Ende in ein Grab gelegt, das einem anderen gehört. Das ist sein Weg. „Die Füchse haben ihre Höhlen und die Vögel ihre Nester; der Menschensohn aber hat keinen Ort, wo er sein Haupt hinlegen kann" (Mt 8,20). Er hat nicht den Armen gespielt, er ist selbst arm gewesen. Er mußte sich nicht krampfhaft mit den Armen solidarisieren, er war einer von ihnen.

Jesus ist Arm und Reich gegenüber nicht neutral gewesen. Sicher: Seine Sendung galt allen Menschen. Er hat niemanden von seiner Liebe ausgeschlossen. Aber die Armen standen ihm besonders nahe. Er hat zu ihnen anders gesprochen als zu den Reichen. Seine Sprache ist eindeutig: hier verheißungsvoll („Selig ...“), dort warnend, drohend („Weh euch ...“). „Die Hungernden beschenkt er mit seinen Gaben und läßt die Reichen leer ausgehen“ (Lk 1, 53). (Das hört sich anders an, als wir im „Gotteslob“ singen: „In göttlichem Erbarmen liebt Christus alle gleich; die Reichen und die Armen beruft er in sein Reich ...“, Nr. 640, 2.) Nirgendwo nennt Jesus den Reichtum ein Zeichen göttlicher Erwählung. Er spricht von ersten und letzten Plätzen. Er kündigt an, daß Erste Letzte sein werden und Letzte („letzte Menschen“) Erste (Mk 10, 31). Dabei ist er kein Asket gewesen, auch kein Klassenkämpfer.

Was heißt das, wenn den Armen die Gottesherrschaft zugesprochen wird? Zu leicht wird das als Vertröstung auf den Sankt-Nimmerleins-Tag verstanden. Das entspricht nicht dem Verhalten Jesu. Anders als die Apokalyptik, in der die Gegenwart als heillos gilt und Gottes Heil allein für die Zukunft erwartet wird, ist für Jesus das Hier und Jetzt von der heilvollen Nähe Gottes bestimmt. Er lebt und handelt aus der Gegenwart der Gottesherrschaft. Er spricht zwar auch vom Reich Gottes als einer zukünftigen Realität, doch ist für ihn diese Zukunft an die Gegenwart gebunden. In ihr ist die Nähe des Reiches wahrzunehmen: „Blinde sehen wieder, und Lahme gehen; Aussätzige werden rein, und Taube hören; Tote stehen auf, und den Armen wird das Evangelium verkündet“ (Mt 11, 5). Das ist nicht bildlich zu verstehen:

Wie die Blinden, die Jesus heilte, tatsächlich blind waren und die Aussätzigen vom Aussatz befallen, so sind die Armen Menschen, denen das Lebensnotwendige fehlt. Sie kommen jetzt zu ihrem Recht. Sie haben Zukunft bei Gott, sie sind Bürger der Gottesherrschaft. Jesus vertröstet sie nicht auf spätere Zeiten, jenseits von Welt und Geschichte. Er beginnt mit dem, was kommt, zeichenhaft. Gottes Herrschaft läßt nicht länger auf sich warten, sie bricht durch in dem, was Jesus sagt und tut.

Jesus gibt keine bloße Information über das, was einmal kommen soll. Die kommende und bereits in die Gegenwart einbrechende Gottesherrschaft schafft eine neue Wertordnung. Die Maßstäbe der gängigen Ordnung werden durchbrochen: Die nach diesen Maßstäben Deplazierten und Deklassierten werden seliggepriesen. Irdisches Wohlergehen und soziales Prestige sind für die Gottesherrschaft nicht ausschlaggebend. Im Recht, in Seligkeit sind nicht diejenigen, die „in possessione" sind. Von Gott her im Recht sind gerade die anderen. Wer jetzt schon alles hat, der hat ja nichts mehr zu erwarten. Die Herren und Herrschaften der Welt, die sich wie Herrgötter gebärden, haben in der Herrschaft Gottes keinen Platz.

Die so verheißene und ansatzweise schon verwirklichte Zukunft Gottes für die Armen ist darum das Wehe über die Reichen. Zwischen Arm und Reich steht eine Kluft (vgl. Lk 16,19–26). Nicht Rachegelüste und Schadenfreude kommen in den Weherufen zum Ausdruck; es ist vielmehr nüchterne Einsicht und prophetische Weissagung zugleich. Die Reichen haben sozusagen „ihr Fett weg". Die Seligpreisung der Armen ist das Gericht über die Reichen und der Ruf zu ihrer Umkehr, also Gericht im Sinne der Richtigstellung.

Jesus liefert mit dieser Proklamation kein politisches

Programm. Daß durch sie aber das gesamte Leben der Christen, also auch ihr gesellschaftliches Handeln betroffen ist, das ist nicht zu übersehen.

2. Lukas, der Evangelist der Armen

Von den Evangelisten ist vor allem Lukas von der Spannung arm – reich bewegt. Er schreibt sein Evangelium für Christen, die nicht mehr im jüdischen Milieu den Glauben zu leben versuchen, sondern griechisch-römisch (hellenistisch) geprägt sind. In seiner Gemeinde gibt es weniger Bettelarme, wohl aber Besitzende und Reiche. Das verursacht nicht geringe soziale und religiöse Spannungen. Was bedeutet die Seligpreisung der Armen für eine in diesem Sinne „etablierte" Gemeinde? Ist der Weheruf das letzte Wort über die Reichen? Sicher, soweit sie sich selbst genug sind und meinen, sich mit ihrem eigenen Vermögen sichern zu können (vgl. Lk 12, 15.21). Das Leben verfehlt, wer es sich selbst beschaffen will. Er ist jetzt schon bedient.

Aber was ist mit den Wohlhabenden, die zur Gemeinde gehören und das Leben von Christus erwarten? Die Gefahr ist nicht gering, daß sie das Wort des Heils „in den Sorgen, dem Reichtum und den Genüssen des Lebens ersticken" (8, 14). Doch der Evangelist warnt nicht nur vor Habgier (12, 15) und Geld (16, 14), er zeigt den Besitzenden, wie sie ihr Vermögen einsetzen können:

„Wenn du mittags oder abends ein Essen gibst, so lade nicht deine Freunde oder deine Brüder, deine Verwandten oder reiche Nachbarn ein; sonst laden auch sie dich ein, und damit ist dir wieder alles vergolten. Nein, wenn du ein Essen gibst, dann lade Arme, Krüppel, Lahme und Blinde ein. Du wirst selig sein, denn sie können es dir nicht vergelten; es wird dir vergolten werden bei der Auferstehung der Gerechten" (14, 12–14).

Das ist nicht eine Verhaltensregel, eine bestimmte Konvention. Das geht gegen alle Konvention. Die Reichen bleiben nicht länger unter sich. Sie kommen heraus aus dem Teufelskreis des „Wie du mir, so ich dir". Der Gastgeber behandelt seine Gäste nicht mehr nach dem Nutzen, den er von ihnen hat, sondern als Menschen.

Lukas unterscheidet ferner zwischen dem Volk und den Jüngern. Die Seligpreisung richtet sich an die Jünger. Das sind die, die freiwillig alles um Jesu willen verlassen haben. Es sind nicht solche, die notgedrungen aufgrund ihrer wirtschaftlichen und sozialen Situation arm sind; sie entscheiden sich vielmehr freiwillig für den Besitzverzicht. Daß sie alles verlassen haben, ist Lukas besonders wichtig (vgl. 5, 11; 5, 28; 18, 22). Der Preis der unbedingten Jesus-Nachfolge ist freiwillige Armut.

Die Absicht des Lukas ist deutlich erkennbar: In der freiwilligen Armut der Jünger hält er seiner Gemeinde den Spiegel vor. Er konfrontiert die Wohlhabenden und Besitzenden mit den Forderungen des Evangeliums vom Ursprung her. Mit dem Ruf der Jünger in die freiwillige Armut fordert er die Reichen zur Umkehr auf. Er stellt sich damit einem aktuellen Problem seiner eigenen Gemeinde: der Spannung zwischen Arm und Reich, zwischen Verachteten und Angesehenen. Lukas formuliert die erste Seligpreisung direkt und präsentisch: „Euch gehört (jetzt schon) das Reich Gottes." Die Jünger Jesu, die alles verlassen haben, haben hier und heute schon Anteil an Gottes Herr schaft und Leben. Ebenso sind die Reichen hier und jetzt schon belohnt und bedient. Deshalb gilt ihnen das Wehe. Lukas unterstreicht, daß Jesus der Heiland der Sünder, der Kranken und der Zöllner ist, damit die Reichen und Besitzenden hier und jetzt sich der Verachteten und Kleinen annehmen.

3. *„Selig, die arm sind vor Gott ...“ (Mt 5, 3)*

Jesus hat nicht in festen kirchlichen Strukturen gewirkt. Er ist als Wanderprediger von Ort zu Ort gezogen. Matthäus dagegen schreibt sein Evangelium in den Jahren nach 70, als die christliche Gemeinde sich immer deutlicher vom Judentum absetzt und ihre eigenen Konturen gewinnt. Es ist bemerkenswert, wie Matthäus die Kirche beschreibt. Das Bild ist nicht idealistisch verbrämt, sondern sehr realistisch. Sie ist nicht mit dem Gottesreich zu verwechseln, sie ist eine sehr gemischte Gesellschaft. Unkraut und Weizen wachsen in ihr bis zur Ernte, bis zum Tag des Gerichts (13, 24–30.36–43); das Netz, das ins Meer geworfen wird, bringt gute und faule Fische ans Land (13, 47–50), und im Hochzeitssaal finden sich „Böse und Gute“ (21, 10). Die Bösen sind nicht draußen vor den Toren, sondern mitten drin. Die Kirche ist gefährdet, weil in ihr der Name Jesu mißbraucht wird, um ein Verhalten zu decken, das Jesu Forderung der besseren Gerechtigkeit nicht entspricht („Hütet euch vor den falschen Propheten ... Nicht jeder, der zu mir sagt: Herr, Herr ...“ (7, 15.21 ff); „Und dann werden viele abfallen und einander verraten und hassen ...“ (24, 10).

Matthäus hat ganz realistisch seine Kirche vor Augen. Wie ist der Anspruch Jesu, der als prophetischer Wanderprediger von Ort zu Ort gezogen ist, durchzuhalten, wenn die Gemeinde feste Strukturen gewinnt und sich als Ortskirche etabliert, wenn Menschen sich nicht etwa nur in charismatischem Aufbruch begeistern lassen, sondern die Entscheidung ein Leben lang durchzutragen haben, Menschen mit ihrer Familie, mit ihrem Beruf, einem festen Wohnsitz?

In dieser Situation kann Matthäus die Proklamation Jesu („Selig die Armen ...") nicht einfach wiederholen. Zu leicht könnte die Gemeinde das Wort unbesehen auf sich beziehen und meinen, Gottes Reich sei ihnen sicher. Um diesem Mißverständnis vorzubeugen, verkündet der Evangelist mit dem Zuspruch der Gottesherrschaft zugleich auch dessen Anspruch. Er annulliert nicht Jesu Proklamation der neuen Ordnung Gottes, in der die Armen zu ihrem Recht kommen. Aber er schärft ihre Konsequenzen ein: Grundhaltungen (Tugenden), die den Jünger charakterisieren und ihn für Gottes Reich qualifizieren. Das äußere Tun macht's nicht, das innere Wesen entscheidet. Gottes Anspruch muß den Jünger bis ins Herz prägen. Die Armut wird zu einer geistlichen Grundhaltung. Sie meint jene, die bis in die innerste Schicht ihres Herzens für Gott empfänglich sind. „Selig, die arm sind vor Gott ...", das ist wie eine Überschrift über die matthäischen Seligpreisungen. Man könnte auch sagen: Selig sind die Empfänglichen, die ihr Herz noch zu verschenken haben, deren Hoffnung noch Flügel hat, deren Liebe noch hungrig ist.

Unterscheidungen, Perspektiven

Wie ist die Seligpreisung der Armen heute auszurichten? Genügen ein paar Worte, um Armut und Seligkeit auf einen Reim zu bringen? Wer ist autorisiert, eine solche Preisung auszusprechen, so daß sie mehr ist als eine zynische Parole („Heil den Armen in den Slums von Kalkutta und Rio ...")?

Es ist ein Unterschied, ob Jesus sie verkündigt oder ob wir. Wir haben von uns aus nicht die Autorität, die

Armen seligzupreisen. Wir können das nicht ohne den Autor. Nur in seinem Namen und in seiner Nachfolge ist die Preisung etwas anderes als eine unverantwortliche religiöse Verbrämung der Not oder als eine sozialrevolutionäre Illusion. Weil er hinter uns steht und soweit er durch uns durchkommt, gewinnt unsere Verkündigung Autorität. Nur wer sich diese Armut eingesteht und nicht in eigener Vollmacht auftreten zu können meint, nur wer sich mit seinem Leben (und Lebensstil) auf Jesus einläßt, wird seine Botschaft glaubwürdig bezeugen.

1. Arm vor Gott

Armut ist nicht allein eine Sache der Brieftasche und des Brutto-Sozialproduktes. Arm vor Gott ist der, der die Grenzen seiner Geschöpflichkeit wahrnimmt, der nicht daran verzweifelt oder sich darüber hinwegzutäuschen versucht, sondern sie annimmt, mehr noch: der sich darin von Gott angenommen weiß. Arm sein vor Gott meint: Ich darf der sein, der ich bin, in meinen Grenzen. Ich muß nicht mehr sein oder darstellen, als ich bin. Wert und Anerkennung muß ich mir nicht selbst verschaffen; ich brauche sie mir nicht von anderen zu erbetteln oder zu erzwingen. Sie sind mir von Gott geschenkt. Ich bin ihm trotz meiner Erbärmlichkeiten liebenswert genug. Darum darf ich ich selbst sein. Ich muß keine fremden Rollen spielen, ich kann meinen eigenen Part übernehmen.

„Selig, die arm sind vor Gott", das heißt: Selig, die Empfänglichen. Damit sind die gemeint, die hier noch nicht alles haben, die offen genug sind, um sich etwas schenken zu lassen, die so arm sind, daß Gott ihr Reichtum werden kann. Diese Art Armut ist eine Herausforderung an unser Bewußtsein. Der neuzeitliche Mensch erträgt sie nur noch sehr schwer. Er möchte sie überspringen, indem er sich selbst zum „Gott" macht, wie Horst Eberhard Richter in seinem Buch „Gotteskomplex" gezeigt hat. Leute, die sich selbst produzieren, die self-made-men, die Macher, die alles im Griff zu haben meinen, verdrängen die Armut unserer Geschöpflichkeit und Endlichkeit.

Die geistige Grundhaltung ist von großer Bedeutung. Wenn es so weit kommen könnte, daß die Armut beseitigt wäre und alle genug zum Leben haben, könnten wir dann den Punkt abhaken und sagen: „Das hat sich erledigt. Das können wir aus der christlichen Verkündigung streichen"? Das kann doch ganz und gar nicht gemeint sein. Gemeint ist doch wohl, daß der Geist der Armut aus dieser Welt nicht verschwinden darf: das, was den heiligen Franziskus dazu trieb, aus einer sehr etablierten Stellung auszusteigen und einen anderen Lebensstil zu suchen; das, was junge Menschen aus dem Konsumzwang und den anderen Zwängen unserer Gesellschaft aussteigen läßt. Wer unabhängig von dem ist, was zu haben ist, der gewinnt eine große Freiheit und Unabhängigkeit. Wie wir ja umgekehrt mit tiefem Erschrecken immer wieder feststellen, daß jemand in dem Augenblick, wo er in das Etabliertenstadium hinübergeht, sich in seiner ganzen psychischen Struktur rasend schnell verändern kann in eine Richtung, in der er diese Freiheit und Unabhängigkeit verliert.

2. Einschneidende Armut

Es gibt eine Armut (wirtschaftliche Not, soziales Elend, kulturelle Verarmung), die menschenunwürdig ist und mit allen Mitteln überwunden werden muß. Gott steht auf der Seite dieser Menschen, die „unter die Räuber gefallen sind“. Er erwartet, daß die, die sich zu ihm bekennen, neben ihm stehen und in seinem Namen die Armen befreien.

Wenn ich hungrig bin, ist das ein leibhaftiges Problem (der Magen knurrt!). Wenn ein anderer hungert, mache ich daraus auffällig schnell ein geistliches Problem und halte es mir damit vom Leibe. Von geistlicher Armut sprechen in der Regel nur die Wohlhabenden. Im Handumdrehen kann sie zu einem Alibi werden, um Glaube und Reichtum konsequenzenlos miteinander zu versöhnen, um das schlechte Gewissen angesichts der Not anderer zu entlasten. Sie bedarf des leibhaftigen Ausdrucks, um eindeutig zu werden.

Der Glaube ist nicht neutral gegenüber arm und reich, wie Jesus gegenüber arm und reich nicht neutral gewesen ist. Er hat die Menschen nicht nur zu einer neuen Gesinnung gerufen, sondern in die Nachfolge, auf einen Weg. Dieser Weg ist geerdet. Verläßt er die leibhaftigen Spuren, die Jesus eingegraben hat, dann verflüchtigt er sich zum Irrweg.

Die Armut hat Konsequenzen, Konsequenzen, die ins Fleisch schneiden. Wir neigen schnell zum Kompromiß. Doch: Wo hört der Kompromiß auf, und wo beginnt die Kompromittierung? Wir finden immer einen Grund, nicht radikal zu sein. Wir finden immer eine vernünftige Ausrede: So kann das doch nicht gemeint sein, wo kämen wir da hin! Niemand von uns ahnt, wohin Gott mit uns kommt, wenn wir ihm alles überlassen.

3. Armut und Geschwisterlichkeit

Ein Bruder bittet Franz von Assisi, einen Psalter besitzen zu dürfen. Franz verweigert es ihm und sagt: „Wenn du erst einen Psalter hast, wirst du nach einem Brevier verlangen, und wenn du ein Brevier hast, wirst du dich auf einen Chorstuhl setzen wie ein großer Prälat und wirst zu deinem Bruder sagen: Bring mir mein Brevier!"

Der Besitz kann leicht dazu verführen, sich von anderen bedienen zu lassen und sie zu beherrschen. Er bringt die Gefahr mit sich, Unterschiede zu machen in der Bewertung der Personen, Trennwände aufzubauen, die daran hindern, sich als Schwester und Bruder zu begegnen.

Die Gefahr, daß der Besitz Menschen trennt, ihnen verschiedenes Gewicht verleiht, ist nicht zu verkennen. Sie verhindert Geschwisterlichkeit in den Gemeinden, sie schafft Distanz zwischen armen und reichen Bistümern im eigenen Land und in Europa, sie steht nicht zuletzt auch der Wahrheitsfindung im Weg, wenn die Gewichtung der Argumente von der finanziellen Potenz der Argumentierenden mitbestimmt ist.

Sie zeigt sich vor allem in der Diskrepanz zwischen der reichen Kirche des Nordens und der armen Kirche des Südens. Das Nord-Süd-Gefälle ist ja nicht etwa nur eine gesellschaftliche und politische Frage, sondern ein vorrangiges kirchliches Problem. Es betrifft die „eine katholische und apostolische Kirche", die beide Regionen zusammenschließt. Wie lassen sich die offensichtlichen Gegensätze zwischen Reich und Arm mit der lebendigen Einheit der Kirche vereinbaren? „Wir dürfen im Dienste an der einen Kirche nicht zulassen, daß das kirchliche Leben in der westlichen Welt immer mehr den Anschein einer Religion des Wohlstandes und der Sattheit erweckt und daß es in anderen Teilen der Welt wie eine Volksreligion der Unglücklichen wirkt, deren Brotlosigkeit sie buchstäblich von unserer eucharistischen Tischgemeinschaft ausschließt ... Die Eine-Welt-Kirche darf schließlich nicht in sich selbst noch einmal die sozialen Gegensätze unserer Welt einfach widerspiegeln. Sie leistet sonst nur gedankenlos jenen Vorschub, die Religion und Kirche sowieso nur als Überhöhung bestehender gesellschaftlicher Verhältnisse interpretieren. Hier müssen gerade wir in unserem Land handeln und helfen und teilen ... Die Kosten, die uns dafür abverlangt werden, sind nicht ein nachträgliches Almosen, sie sind eigentlich die Unkosten unserer Katholizität, die Unkosten unseres Volk-Gottes-Seins, der Preis unserer Orthodoxie" (Würzburger Synode, „Unsere Hoffnung").

Ein Rabbi sitzt im Tempel. Er hat eine Erleuchtung. Es wird ihm mit einem Mal klar: Du mußt den Armen helfen. Er kommt aus dem Tempel heraus und trifft einen Armen vor der Tür. Er geht auf ihn zu, will ihn umarmen und ruft: „Ich liebe dich; sag mir, was dir fehlt!" Darauf der Arme: „Wie kannst du sagen, daß du mich liebst, wenn du nicht weißt, was mir fehlt?"

Du brauchst dich nicht zu fürchten vor dem Schrecken der Nacht

Psalm 91, 5

Die Nacht

Stellen Sie sich vor, Sie stehen in einer fremden Stadt mitten in der Nacht auf der Straße. Der Strom ist ausgefallen, es brennt keine Straßenlampe, kein Lichtschein fällt aus den Häusern, kein Auto kommt vorbei. Um Sie herum ist es stockdunkel, schwarze Nacht. Der Himmel ist bewölkt, weder Mond noch Sterne sind zu sehen. Langsam gewöhnen Sie sich an die Situation. Aber wohin gehen ohne zu stolpern und ohne sich zu verlaufen? Bis zum Morgen ist es noch lang. Schritte nähern sich. Sind es vielleicht Leute, die die Situation ausnützen wollen, um jemanden zu bestehlen? Oder gehen sie einfach vorbei? Finsternis und Angst – Schrecken der Nacht. Haben Sie das schon einmal erlebt? Ich kann davon erzählen, etwa aus der Kinderzeit mit den Bombennächten. Schrecken der Nacht, die haben mich von daher lange im Traum verfolgt.

Spätestens beim Traum wird deutlich: Es geht nicht nur um die äußere Erfahrung von Nacht, sondern weit mehr um die Nacht in uns. Fragen wir uns also: Wo erfahre ich Nacht? Wo blicke ich nicht mehr durch? Wo sehe ich schwarz? Wo tappe ich im Dunkeln? Wo packen mich Schrecken und Angst, die mich nicht loslassen, die mir schlaflose Nächte bereiten, nicht nur im Alter? Die Angst, einen geliebten Menschen zu verlieren, einen Freund, eine Freundin, ein Kind, die Eltern. Die Angst, alleingelassen zu sein ohne Orientierung, ohne Wärme und schützende Nähe. Vielleicht ist der Verlust auch schon Wirklichkeit geworden, und ich habe durch Krankheit, Tod oder auch Streit einen Menschen verloren, der mir viel bedeutete. Trauer verfinstert das Leben, die Sonne über meinem Leben ist untergegangen. „Ich kann nicht mehr beten ...", „In mir sieht es finster aus und leer ...", „Ich habe nichts mehr, was mich erfüllt ...". Da geht es oft nicht mehr nur um die „Furcht vor etwas", sondern um die „Angst vor dem Nichts".

Zum Schwarzsehen gibt uns auch die Welt um uns viele Anlässe. Umweltzerstörung, Innenweltzerstörung, die sinnlosen Klein- und Großkriege, wachsende Kriminalität, Drogen – man braucht die Reihe nicht fortzusetzen. Wir wissen alle, wie schwer es ist, sich in diesen Zeiten einen klaren Blick für die Zukunft zu bewahren. Dunkelheiten in uns, düstere Aussichten vor uns – wie gehen wir damit um? Was machen wir mit der Nacht und dem Schrecken, den sie uns einjagt?

Alles Licht?

„Das Leben des Brian", heißt ein komischer englischer Film über einen Doppelgänger Jesu. Am Schluß wird eine Kreuzigungsszene gezeigt, und dazu erklingt in eindringlicher Melodie das Lied „Always look at the bright side of life". Dieser Song hat die Hitparaden erobert. „Schau immer auf die glänzenden Seiten des Lebens." Die Komiker haben nur das ausgesprochen, was offenbar das heimliche Motto unserer Zeit ist: Leid und Dunkelheit – schau nicht hin. Schau auf die hellen, strahlenden Seiten des Lebens. Keep smiling. Wer in Trauer ist, trägt kein Schwarz, das würde ja nur stören. Trauer ist nicht angesagt. Was bringt's? Spaß muß sein. ‚Wenn es mir schlecht geht und ich traurig bin, dann gehe ich in die Stadt und kaufe mir etwas', sagte mir jemand. Nein, die Nacht können wir nicht gebrauchen. Wir müssen sie verdrängen in unserer Seele, genauso wie wir sie auf unseren Straßen mit aller Energie bis hin zur Atomkraft taghell erleuchten.

Was die Gesellschaft betrifft: In Rio bei der UN-Weltkonferenz „Umwelt und Entwicklung" haben wir es gesehen. Düstere Aussichten – ja. Aber wenn gewählt wird, dann verkauft sich das schlecht. Dann sind nicht Schwarzseher, sondern Weißwäscher gefragt. Dann können uns die düsteren Prognosen für die Natur gestohlen bleiben. Dann hätten wir's lieber ein bißchen hell, selbst wenn die Beleuchtung nur künstlich ist.

Alles schwarz?

Werden die Schattenseiten ausgeblendet, dann taucht das Verdrängte über Nacht gleichsam durch die Hintertür als Schreckgespenst wieder auf und läßt uns nicht los, bis wir uns ihm stellen. Die nicht gelebte Trauer entlädt sich in Depressionen, die oft endlos zu sein scheinen und aus denen nur schwer wieder herauszukommen ist. – Manche werden zu notorischen Schwarzsehern, handlungsunfähig auf die Zukunft hin. Anderen werden das aufgeklärte Tagbewußtsein und die überanstrengte Rationalität suspekt. Sie suchen ihr Heil in dunkler Irrationalität, überlassen sich der Magie und feiern schwarze Messen. Doch die dunklen Geister, die sie riefen, werden sie oft nicht mehr los. Sie verlieren sich mit ihren okkulten Praktiken im Dunkel und wissen am Ende nicht mehr ein noch aus. Weder die Ideologie des ewigen Sonnenscheins noch der düstere Aberglaube und die Schwarzseherei helfen uns, die Nächte und Dunkelheiten unseres Lebens zu bewältigen. Und die Religionen? Was können sie zur Bewältigung der Dunkelheit beitragen?

Religiöse Riten

Alle Religionen können als Antwortversuch auf das Dunkel des Lebens gelesen werden. Sie stellen sich der Provokation, die aus der Erfahrung der Nacht und Finsternis in Mensch und Kosmos erwächst. Das zeigt sich vor allen Dingen in ihren Riten und Bräuchen. Die Mysterien des Asklepios, des Gottes der Heilkunst, verlangen den Abstieg in die Tiefe, in den dunklen fruchtbaren Schoß der Muttererde. In Pergamon führt heute noch im Asklepios-Heiligtum ein dunkler langer Schacht in den unterirdischen Raum, in dem Heilschlaf und eine Art Psychotherapie praktiziert wurden. Viele alte Kulturen wissen von der Generations- und Regenerationskraft der Höhlen. Nur wer in die Tiefe geht und die Tiefpunkte des eigenen Lebens und der geschichtlichen Situation zu durchschmerzen wagt, wird ganz werden, heil und erlöst. Nacht, darin verbirgt sich also beides:

- Sie ist in ihrer Undurchschaubarkeit beängstigend und voller Gefahr, Inbegriff des Zerstörerischen, Wirkungsbereich der Dämonen.
- Sie ist auch bergendes Dunkel, der mütterliche Schoß voll schöpferischer neuer Möglichkeiten, Raum zur Regeneration.

Die Nacht spielt in der christlichen Liturgie eine zentrale Rolle. Wir feiern die Heilige Nacht, in der Jesus geboren wurde. In der Nacht, in der er verraten wurde, haben Fußwaschung und Eucharistie ihren Platz. Ihr folgt die Karfreitagsfinsternis. Das Osterlicht leuchtet in der Nacht der Welt. Gerade diese nächtlichen Liturgien, das Zusammenspiel von Dunkelheit und Licht üben eine große Anziehungskraft aus. Viele, die das ganze Jahr über nicht zur Kirche kommen, fühlen sich von diesen Liturgien angesprochen und gestärkt. Aber Dunkelheit und Kerzenschimmer allein sind noch keine Botschaft. Wer die nächtlichen Liturgien des Christentums von Grund auf verstehen will, muß nach den Begründungen fragen. Er darf nicht bei der Form stehenbleiben, er muß weiterfragen nach dem Inhalt. Was hat der christliche Glaube zum Umgang mit den Schattenseiten des Lebens zu sagen?

Gottes Gegenwart – bei Tag und bei Nacht

Schon das Alte Testament hat den Gegensatz von Licht und Dunkel in Hymnen, im Rahmen der prophetischen Heilsverheißung (besonders bei Jesaja), in Gebetsbitten und Klagen formuliert, auch in weisheitlich geprägten Texten. Gott hat Tag und Nacht erschaffen. Er hat die Nacht in sein Schöpfungswerk eingeordnet. Er verfügt über Licht und Dunkel. Das Dunkel stellt keine Grenze für seinen Machtbereich dar. Dunkel und Nacht sind im Alten Testament Kontraste zum Licht, aber keine widergöttlichen Mächte. Es widerspricht dem Dualismus zwischen einem lichten Gott und seinen dunklen Gegenspielern. Gottes Gegenwart kennt keine Grenzen. Auch die finsteren Mächte, die Dämonen, sind ihm unterworfen. Und im Dunkel der Gefangenschaft und Unfreiheit, der Unterdrückung und Hilflosigkeit ist Gott anwesend.

Für diesen Glauben steht das Wort des Psalmisten „Du brauchst dich nicht zu fürchten vor dem Schrecken der Nacht." Selbst in der Nacht der völligen Orientierungslosigkeit, im Abgeschnittensein von allen menschlichen Beziehungen ist Gott dem Menschen nahe. Er ist uns gegenwärtig wie dem Volk Israel als wolkenspendende Säule in der Hitze des Tages, und vor allem als erhellende Feuersäule in der Dunkelheit der Nacht. Gott kommt uns entgegen bei Licht und in Dunkelheiten. Er geht mit uns tags und nachts. Sowohl unsere Vernunft wie unser Unbewußtes, unsere Gedanken wie unsere Träume, sind das Medium seiner Ankunft. Wir brauchen uns vor den Schrecken der Nacht nicht zu fürchten. Wir können darauf zugehen, Nachtwanderungen wagen. Wir können uns mit unseren Ängsten auseinandersetzen. Wir dürfen diesen Streit wagen. Wir dürfen unsere Traurigkeit zulassen und uns Zeit zum Trauern nehmen. Wir können Einsamkeit riskieren und Angst zugeben. Und wir können füreinander den Nachtdienst übernehmen, nicht nur im Krankenhaus.

Die Nacht der Kirche

Sich der Dunkelheit stellen, das gilt auch für die Kirche. Viele sehen heute schwarz, wenn sie Kirche hören. Nicht ohne Grund. Wo ist da Licht? Die Kirchenväter sagen: So wie in der Natur der Mond in der Nacht das Licht von der Sonne des Tages aufnimmt und in die Nacht hineinstrahlt, so soll die Kirche das Licht Christi in der Nacht der Welt und der Menschheit aufnehmen und reflektieren. Der Mond aber, so sagen die Väter, kann dies nur tun, wenn er im Rhythmus der Zeiten abnimmt vom Vollmond zum Neumond, um neu voll und strahlkräftig zu werden. So muß auch die Kirche im Laufe der Zeiten um der Nacht der Menschheit willen abnehmen und sterben in ihrer jeweiligen geschichtlichen Gestalt. Indem sie sich in das Dunkel der Geschichte und des gelebten Augenblicks wagt mit dem Risiko, davon verschlungen zu werden, kommt das Licht durch, das in der Finsternis leuchtet. „Du brauchst dich nicht zu fürchten vor dem Schrecken der Nacht" – auch ein Wort an die Kirche.

Da geht mir ein Licht auf

„Die Nacht ist vorgedrungen, der Tag ist nicht mehr fern.
So sei nun Lob gesungen dem hellen Morgenstern.
Auch wer zur Nacht geweinet, der stimme froh mit ein.
Der Morgenstern bescheinet auch deine Angst und Pein".

So singt Jochen Klepper in der finstersten Zeit unseres Jahrhunderts. Gemeint ist „jener wahre Morgenstern, der in Ewigkeit nicht untergeht: Unser Herr Jesus Christus, der von den Toten erstand" (Exsultet).

Wir wissen doch, wie das ist, wenn wir sagen: „Da geht mir ein Licht auf!" Das ist eine kostbare Erfahrung. Die kann man nicht machen, nicht erzwingen. Etwas „leuchtet uns ein". Man kann es empfangen, als Geschenk, als Gnade. Wenn das geschieht, dann strahlen wir.

Mit Jesus Christus ist der Menschheit ein Licht aufgegangen. Mit ihm ist der Welt *das* Licht aufgegangen, „um allen zu leuchten, die in Finsternis sitzen und im Schatten des Todes" (Benedictus). „O Licht, viel heller als der Tag ...", singt das Osterlob. Wem dieses Licht einleuchtet, der ruft aus: „Mensch, da geht mir ein Licht auf." Und er kann zum Lichtblick werden, für die Welt.

Die im Dunkeln

„Denn die einen sind im Dunkeln.
Und die anderen sind im Licht.
Und man siehet die im Lichte.
Die im Dunkeln sieht man nicht" (B. Brecht).

Wer sich vor den Schrecken der Nacht nicht fürchten muß, braucht keine Angst zu haben, sich denen zuzuwenden, die im Dunkeln stehen. Es sind die, denen unsere Gesellschaft nur ein Schattendasein zubilligt, Randgruppen, Randexistenzen, hier bei uns oder weltweit. Wir brauchen nicht zu fürchten, von der Nacht, die sie umgibt, selbst verschlungen zu werden. Wir brauchen nicht zu fürchten, daß sich unser Leben verdunkelt, wenn wir an ihren Dunkelheiten teilnehmen. Je mehr wir unsere eigenen Dunkelheiten wahrnehmen, werden wir dazu fähig.

„Du brauchst dich nicht zu fürchten vor dem Schrecken der Nacht". Dieser Vers gehört zu einem Psalm, der in der Komplet gesprochen wird, dem Nachtgebet der Kirche. Nacht und Schlaf sind in diesem Gebet eindringlich vorgestellt als Einübung ins Sterben. Auch die Nacht des Todes gehört zum Glauben. Welche Geborgenheit und Zuversicht schenkt uns auch für die letzte unserer Nächte die Zusage: „Du brauchst dich nicht zu fürchten vor dem Schrecken der Nacht."

Geschenkte Zeit

Zu Lukas 13, 6–9

„[6]Und er erzählte ihnen dieses Gleichnis: Ein Mann hatte in seinem Weinberg einen Feigenbaum; und als er kam und nachsah, ob er Früchte trug, fand er keine. [7]Da sagte er zu seinem Weingärtner: Jetzt komme ich schon drei Jahre und sehe nach, ob dieser Feigenbaum Früchte trägt, und finde nichts. Hau ihn um! Was soll er weiter dem Boden seine Kraft nehmen? [8]Der Weingärtner erwiderte: Herr, laß ihn dieses Jahr noch stehen; ich will den Boden um ihn herum aufgraben und düngen. [9]Vielleicht trägt er doch noch Früchte; wenn nicht, dann laß ihn umhauen."

Herbst ist es, der Besitzer schaut nach den Früchten: „Ein Mann hatte in seinem Weinberg einen Feigenbaum; und als er kam und nachsah, ob er Früchte trug, fand er keine" (6). Eine enttäuschende Besichtigung. Was tut da jemand, der vom Ertrag seines Bodens leben muß? „Da sagte er zu seinem Weingärtner: Jetzt komme ich schon drei Jahre und sehe nach, ob dieser Feigenbaum Früchte trägt und finde nichts. Hau ihn um! Was soll er weiter dem Boden seine Kraft nehmen?" (7). Abholzen, das ist die sauberste, die wirtschaftlichste Lösung. Stehenlassen macht keinen Sinn mehr. Drei Jahre sind genug. Er hat seine Chance gehabt. Aber nicht doch: „Herr, laß ihn dieses Jahr noch stehen; ich will den Boden um ihn herum aufgraben und düngen" (8). Vielleicht, vielleicht – wer weiß ... „Vielleicht trägt er doch noch Früchte" (9).

Der unfruchtbare Baum hätte die Axt verdient, der Spaten wird ihm zuteil und noch Dünger dazu. Die Axt, die dem Baum schon an die Wurzel gelegt war, schlägt nicht zu, weil einer dazwischen getreten ist und sie noch für ein Jahr aufhält. Noch ein Jahr des weiteren Bemühens, damit er endlich die gesuchte Frucht trage, endlich!

Gott läßt sich nicht beirren in seiner Liebe zu uns. Christus im Bild des geduldigen Gärtners: Er wartet still und geduldig, bis es wächst, bis die Zweige saftig werden, Blätter treiben und Frucht bringen. Er weiß, daß alles seine Zeit hat, und er läßt die Zeit. Er schenkt dem Baum Ruhe und seine Gunst, das ist Gnade. Er ist nicht aufs Abholzen des unfruchtbaren Feigenbaumes aus, sondern vertraut auf die in ihm schlummernden Möglichkeiten und hegt ihn in riskanter Geduld. Welche einmalige Chance für einen Feigenbaum, der einen solchen Gärtner hat! Welche einmalige Chance für ein Volk, das einen solchen Gott hat! Spielraum ist uns gewährt. Gott gibt uns Raum umzukehren. Er schenkt uns Zeit, obwohl die Zeit drängt.

Geschenkte Zeit

Sind wir wirklich bereit, dieses Geschenk anzunehmen? Wir leben in einer paradoxen Situation: Einerseits erscheint uns gerade heute angesichts bedrohlicher Ereignisse (kurz vor Zwölf) jede Minute als kostbarer Segen. Andererseits gab's noch nie eine Epoche, die so wie die unsere die Zeit bekämpft hat. Günter Anders hat die Abschaffung der Zeit einmal als *den* Traum unserer Zivilisation bezeichnet. Hinter diesem Traum sieht er das Ideal des Schlaraffenlandes. Sobald ich einen Wunsch verspüre, schon ist seine Erfüllung da – unmittelbar. Die Wunscherfüllung wird im Schlaraffenland nicht durch Raum und Zeit behindert. Man braucht keine Wege zu machen. Jedes Bedürfnis wird sofort gestillt.

Es scheint, so Anders, daß die in unserer Epoche ausgebildete Technik genau dieses Ziel, obwohl utopisch, zu erfüllen trachtet. Sie bemüht sich, die Distanz zwischen Bedürfnis und Bedürfnisstillung immer mehr zu verkürzen oder auszulöschen. Es gibt keinen Flug zwischen Punkt A und Punkt B, der nicht grundsätzlich als zu lang erschiene. „Die Bewältigung dieser Strecke erfordert heute noch sechs Stunden? Zu langsam. Und welche Blamage, wenn wir für die Überbrückung dieser Strecke im nächsten Jahr mehr als fünf Stunden benötigen und sie im nächsten nicht in vier leisten würden! Was immer Dauer erfordert, dauert zu lange. Was immer Zeit beansprucht, beansprucht zu viel Zeit. Das Faktum, daß Handlungen Zeit kosten, gilt heute als Vergeudung. Gleich, wie kurz sie währen – niemals sind sie kurz genug. Die bloße Tatsache, daß sie währen, macht sie zu Verzögerungen" (G. Anders, Die Antiquiertheit des Menschen 2, München [4]1986, 338). Es mag uns dann gehen, wie dem modernen Geschäftsreisenden, der bei einem Flug über das Eismeer sich nur ärgern kann: „Was hier alles zwischen Schottland und Kanada herumliegt! Und dabei ist es nichts! ... Und diese Zeit, um nichts besser! Ebenfalls nichts! Aber dauern muß sie! Zwischen Abflug und Ankunft! Gerade gut genug für Warten und Dösen! Wozu das gut sein soll! ... Dieser unausgenutzte Raum da unten. Wo er (Gott) Schottland und Kanada so schön säuberlich hätte aneinander legen können! Kante an Kante! ... Nichts als Vergeudung, der Raum! Und nichts als Zeitverlust, diese Zeit! ... Wenn man sie nur abschaffen könnte!" (G. Anders, a.a.O. 339 f).

Was tun wir modernen Zeitbekämpfer mit der geschenkten Zeit? Freuen wir uns wirklich, oder verwünschen wir sie? Werden wir sie vertreiben oder gar totschlagen? Oder werden wir sie so ausfüllen, daß kein

Zwischenraum mehr bleibt, nichts mehr, keine Zeit mehr? Können wir, denen Zeit gelassen wird, überhaupt noch selber Zeit lassen? Oder müssen wir den Zeitraum gleich wieder auffüllen, bis keine Zeit mehr ist? Es gibt ein Wort des Propheten Jesaja (28, 16), das Martin Buber so übersetzt: „Wer vertraut, wird nichts beschleunigen wollen." Er kann sich und anderen Zeit lassen, wie Gott uns Zeit läßt. Was wir als Zeitverlust ansehen („verlorene Zeit"), kann Zeitgewinn sein. Die Zeit kann heilen. Entdeckung der Langsamkeit, Entschleunigung! Es geht darum, wieder den richtigen Rhythmus zu finden, biologisch, psychologisch, soziologisch, theologisch. Im Rhythmus Gottes gehen ... „Mit Gott kannst du nichts versäumen" (Meister Eckhart).

Gericht

„Vielleicht trägt er doch noch Früchte; wenn nicht, dann laß ihn umhauen" (9). Das letzte Urteil über den Baum ist aufgeschoben, nicht aufgehoben. Bringt er Früchte, dann soll er leben; wenn nicht, ist ihm die Axt sicher. Auch die Geduld des Gärtners hat ihre Grenzen. Das Jahr kann ich nutzen und für immer verspielen. Es steht alles auf dem Spiel. Das Gericht wird nicht unterschlagen. Es ist hier unüberhörbar zweimal deutlich angesprochen. „Wenn nicht, dann laß ihn umhauen." Bei aller Liebe, das geht durch Mark und Bein.

Am Ende also doch die Axt? Das kennen wir aus der Erziehung, aus der Politik und aus unseren persönlichen Beziehungen: „Wenn du nicht bis da und dahin ..., dann aber ...!" Und dann muß auch eingefordert und eingelöst werden, denn sonst ist die Autorität verspielt, dann geht es drunter und drüber, in der Schulklasse, in der Politik, in den Beziehungen. Sanktionen müssen berechenbar sein.

Wenn ... dann ... Konsequenz ist notwendig, damit wir nicht unser Gesicht verlieren. Wahrt Gott sein Gesicht, seine Heiligkeit? Er hat es gewahrt: Das Gesicht des Gekreuzigten ist sein Gesicht! Kein harmloses Gesicht! Kein Gesicht, an dem man sich vorbeidrücken könnte. Das Schreckliche ist nicht die aufgeblähte Omnipotenz eines obersten Herrn. „Die Trauer der Liebe ist schwerer zu ertragen als der Zorn eines überhöhten Vaters" (P. Ricoeur).

Die Frömmigkeit, die vom Bild des unerbittlichen Richters mit dem Schwert in der Hand geprägt wurde, ist oft genug, nach den verständlichen Gesetzen des seelischen Gegenschlags, in eine Religion des „lieben Gottes" umgesprungen. Der ist dann nur die göttliche Bestätigung für alles und jedes, niemals Herausforderung, Widerstand oder Zorn gegen das, was ich gerade zu sein beliebe. Der oberste Gutmütige hilft schließlich, die Feigheit vor dem Leben, die Scheu vor harten Bewährungen ewig zu machen. Beliebigkeit und Verkümmerung sind zum Prinzip erhoben. – So nicht! Jesus ist alles andere als harmlos. Wer wollte angesichts des Kreuzes von Harmlosigkeit sprechen?

Deshalb sind auch die apokalyptischen Bilder vom Gericht keine harmlosen Bilder. Sie sprechen von der Scheidung der Gerechten und der Ungerechten. Gericht, das ist Scheidung, Unterscheidung, Entscheidung. Von der letzten Entscheidung Gottes her gewinnen unsere vorletzten Entscheidungen ihr Gewicht und ihren Ernst. „Die Botschaft vom Gericht spricht auch von der Gefahr des ewigen Verderbens. Sie verbietet uns, von vornherein mit einer Versöhnung für alle und für alles zu rechnen, was wir tun oder unterlassen. Gerade so greift diese

Botschaft verändernd in unser Leben ein und bringt Ernst und Dramatik in unsere geschichtliche Verantwortung" (Würzburger Synode, „Unsere Hoffnung").

Gott hat seine letzte Entscheidung besiegelt mit seinem Blut, das vergossen wurde „für euch und für alle". „Für euch und für alle ..." Das ist die Richtung, in die Gott richtet. Wenn wir uns von ihm dahin richten lassen, dann können wir den Abbruch unseres Zeitenlaufes getrost auf uns zukommen lassen und dem vertrauen, der sagt: „Wenn all das beginnt, dann richtet euch auf, und erhebt eure Häupter; denn eure Erlösung ist nahe" (Lk 21,28).

Hinweis

Die meisten der in diesem Band vorgelegten und für die Buchveröffentlichung bearbeiteten Texte wurden ursprünglich als Bibelarbeit auf Katholikentagen oder Evangelischen Kirchentagen vorgetragen und werden hier schriftlich vorgelegt.

1. Die Zeit ist reif: Evangelischer Kirchentag in Berlin 1989.
2. Eine Traumgeschichte: neu.
3. Mir gehört die ganze Erde: Katholikentag in Aachen 1986 (veröffentlicht in: Kamphaus, Der Preis der Freiheit, Mainz 1987).
4. Elija: Mein Gott ist Jahwe: neu.
5. Seht, das ist mein Knecht: Evangelischer Kirchentag in Frankfurt am Main 1987.
6. Am Brunnen: Evangelischer Kirchentag im Ruhrgebiet 1991.
7. Das Leben gewinnen: Katholikentag in München 1984 (veröffentlicht in: Kamphaus, Priester aus Passion, Freiburg-Basel-Wien 1993).
8. Welches Gebot ist das wichtigste?: neu.
9. Das Recht des Armen und Fremden nicht beugen: Evangelischer Kirchentag in München 1993.
10. Den Nächsten mordet, wer ihm den Unterhalt nimmt: Katholikentag in Karlsruhe 1992.
11. Das Ende der Vergeltung: Katholikentag in Berlin 1990.
12. Selig, ihr Armen: Katholikentag in Berlin 1990.
13. Du brauchst dich nicht zu fürchten vor dem Schrecken der Nacht: Katholikentag in Karlsruhe 1992.
14. Geschenkte Zeit: Evangelischer Kirchentag in Berlin 1989.

Franz Kamphaus im Verlag Herder

Briefe an junge Menschen
9. Auflage, 96 Seiten, Paperback
ISBN 3-451-21335-4

Bischof Franz Kamphaus sucht das Gespräch mit jungen Menschen, die noch träumen können, die voller Erwartung sind, die aber auch sehr kritische Fragen stellen. Aus dem Dialog mit ihnen sind diese Briefe entstanden, die Anstöße zum eigenen Nachdenken und weiteren Gesprächen geben wollen.

Mutter Kirche und ihre Töchter
Frauen im Gespräch
3. Auflage, 127 Seiten, Paperback
ISBN 3-451-21576-4

Dieses Buch ist die Frucht zahlreicher Gespräche. Es will wiederum neue Gespräche und auch Taten in Gang bringen. Was hier zur Sprache kommt, läßt aufhorchen, macht nachdenklich und lädt ein, den Weg der mühsamen, oft kleinen Schritte zu wagen. Den Weg, der über Rechthaberei und bloße Worte hinausführt.

Entschieden leben
Was ich im Taufbekenntnis verspreche
Mit einem Beitrag von Gotthard Fuchs
2. Auflage, 96 Seiten, Paperback
ISBN 3-451-22418-6

In radikaler Ehrlichkeit und mit einem besonderen Gespür dafür, wie Menschen heute angesprochen werden können, greift der bekannte Bischof eine zentrale Frage des christlichen Lebens und der Seelsorge auf.

Franz Kamphaus im Verlag Herder

Priester aus Passion

3. Auflage, 288 Seiten, gebunden
ISBN 3-451-23234-0

Viele Priester sehen sich heute nicht nur mit zunehmender allgemeiner Glaubensentfremdung und Kirchenferne konfrontiert, sondern auch mit eigenen Zweifeln an Sinn und Identität ihres Dienstes. In dieser Situation die Leidenschaft für Gott neu zu wecken, ist das Herzensanliegen von Bischof Kamphaus. Er bringt die verborgene Strahlkraft des Evangeliums überraschend neu zum Aufleuchten – ein Anstoß, der unter die Haut geht und ermutigt.

Johannes Bours / Franz Kamphaus

Leidenschaft für Gott

Ehelosigkeit, Armut, Gehorsam
8. Auflage, 192 Seiten, Paperback
ISBN 3-451-19435-X

Entstanden in einem langen Wachstumsprozeß, stellt sich dieses Buch den vielfältigen Erfahrungen, die ein Leben in Gehorsam, Armut und Ehelosigkeit mit sich bringt. Mit Bedacht und zugleich mit Entschiedenheit wird diese Lebensform vom Evangelium her begründet und im Blick auf Konkretisierungen heute entfaltet. Die treibende Kraft auf diesem Weg ist nicht asketischer Ehrgeiz oder moralischer Leistungsdruck, sondern eine Leidenschaft für Gott, die sich ganz von ihm in Anspruch und in Dienst nehmen läßt, die von seiner Liebe entzündet, ja „entfesselt" wurde.
„Ein aufrüttelndes, faszinierendes und wegweisendes Buch." (Kirchenbote des Bistums Osnabrück)

Jahreslesebücher im Verlag Herder

Carlo Carretto
Denn du bist mein Tag
Meditationen für jeden Tag. Jahreslesebuch
3. Auflage, 400 Seiten, gebunden, ISBN 3-451-22385-6

Richard Rohr
Das zündende Wort
Täglich Überraschungen. Kirchenjahr-Lesebuch
2. Auflage, 480 Seiten, gebunden, ISBN 3-451-23252-9

Georg Moser
Täglich Grund zur Hoffnung
Meditationen für jeden Tag. Jahreslesebuch
3. Auflage, 400 Seiten, gebunden, ISBN 3-451-22858-0

Elmar Gruber
Deine Nähe täglich ein Geschenk
Jahreslesebuch
392 Seiten, gebunden, ISBN 3-451-23496-3

Anthony de Mello
Wo das Glück zu finden ist
Meditationen für jeden Tag. Jahreslesebuch
400 Seiten, gebunden, ISBN 3-451-23323-1

Carlo M. Martini
Christus entgegengehen
Meditationen für jeden Tag. Jahreslesebuch
4. Auflage, 396 Seiten, gebunden, ISBN 3-451-22037-7

Heinrich Spaemann
Er ist dein Licht
Meditationen für jeden Tag. Jahreslesebuch
3. Auflage, 397 Seiten, gebunden, ISBN 3-451-22643-X